パーフェクトレッスンブック

PERFECT LESSON BOOK

# 剣道
## 基本と戦術



監修 井島 章（国際武道大学教授・剣道部部長・剣道教士八段）

実業之日本社

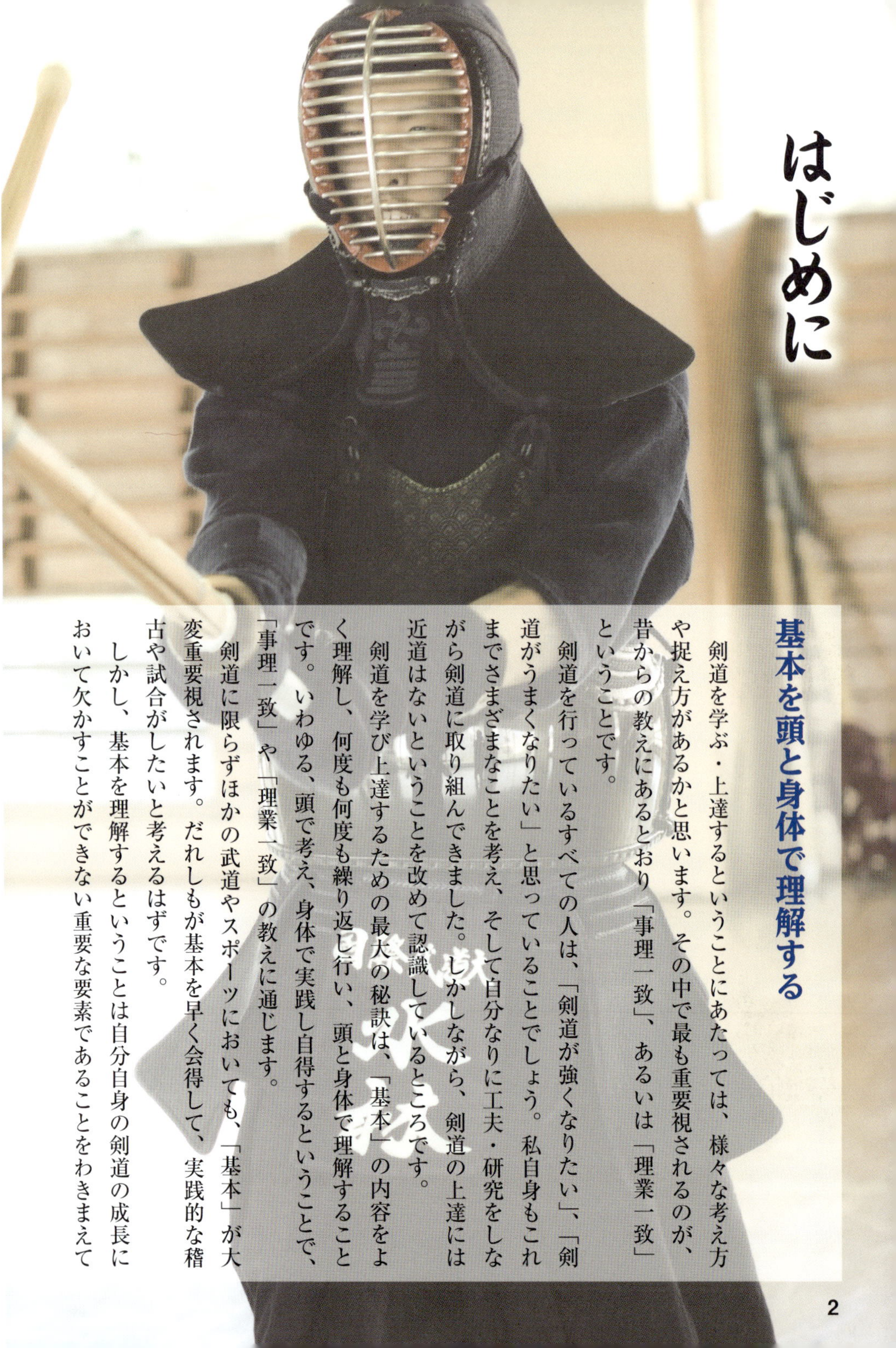

# はじめに

## 基本を頭と身体で理解する

剣道を学ぶ・上達するということにあたっては、様々な考え方や捉え方があるかと思います。その中で最も重要視されるのが、昔からの教えにあるとおり「事理一致」、あるいは「理業一致」ということです。

剣道を行っているすべての人は、「剣道が強くなりたい」、「剣道がうまくなりたい」と思っていることでしょう。私自身もこれまでさまざまなことを考え、そして自分なりに工夫・研究をしながら剣道に取り組んできました。しかしながら、剣道の上達には近道はないということを改めて認識しているところです。

剣道を学び上達するための最大の秘訣は、「基本」の内容をよく理解し、何度も何度も繰り返し行い、頭と身体で理解することです。いわゆる、頭で考え、身体で実践し自得するということで、「事理一致」や「理業一致」の教えに通じます。

剣道に限らずほかの武道やスポーツにおいても、「基本」が大変重要視されます。だれしもが基本を早く会得して、実践的な稽古や試合がしたいと考えるはずです。

しかし、基本を理解するということは自分自身の剣道の成長において欠かすことができない重要な要素であることをわきまえて

おかなければいけません。また、基本には「これでよし」ということもないのです。何度も何度も繰り返し行い、自分の剣道が今どこにあるのかをたえず確認する必要があります。

国際武道大学剣道部の部訓（柱）は、「百錬自得」です。いわゆるこれまで述べてきた内容のすべてが詰まっていると考えます。ただやみくもに勝負だけにとらわれたり走ることなく、将来の剣道を見据えた「正しい剣道」を目標にしながら、基本を大切に何度も何度も繰り返し稽古を実践し自得するということなのです。

このたび、剣道の基本とは？　を大きなテーマとして本書をまとめてみました。平成27年5月には日本武道館で「第16回世界剣道選手権大会」が開催され、剣道が世界に向けて普及していると感じます。これからさらに普及・発展するためには、剣道が間違った方向に行かないことが大切です。

そのためには、「剣道は基本に始まり基本に帰る」を教えのひとつにしなければならないと考えます。

本書では剣道の基本的な内容を重視し、さまざまな角度から私なりの捉え方を述べさせてもらいました。剣道を始めた初心者はもちろんのこと、学校や道場、そして各地域の指導にあたっている先生がたの一助にしていただければ幸いです。

井島　章

# 目次

## 第2章 しかけ技 剣道の応用動作（対人的技能）

# 目次

## 第3章 応じ技 剣道の応用動作（対人的技能）

## 第4章 剣道の稽古法

## 付録　試合の方法・剣道用語集・段位と称号

剣道の基礎知識

# 剣道着と袴《はかま》の着装

正面

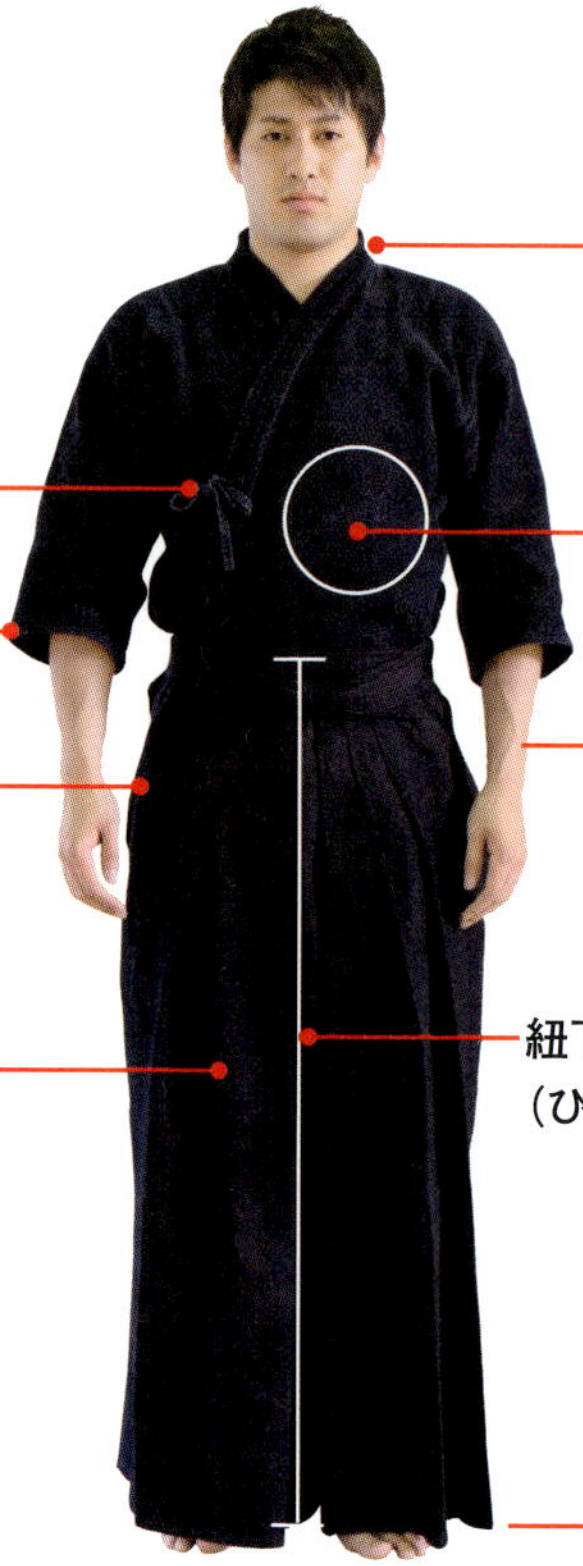


## 正しい着装で稽古に臨む

剣道を学ぶ目的は、ただ強くなるためだけではありません。剣道という日本古来の武道を通して、理に適った技術と同時に、日常生活にも通ずる礼儀や作法を身につけていくものでもあります。剣道着や袴の着装は、剣道をはじめて最初に覚えるものですから、正しい着装を初心者の段階からしっかりと身につけておきましょう。

着装で気をつけておきたいのは、「背中の膨らみ」と「袴の前下がり」です。袴をはいたら袴の両脇口から手を入れ、剣道着を下に引っ張って背中の膨らみを抑えましょう。袴は横から見て、後ろの裾が前の裾より下がらないようにします。袴の襞《ひだ》のしわはしっかりと伸ばしておきましょう。

## 横

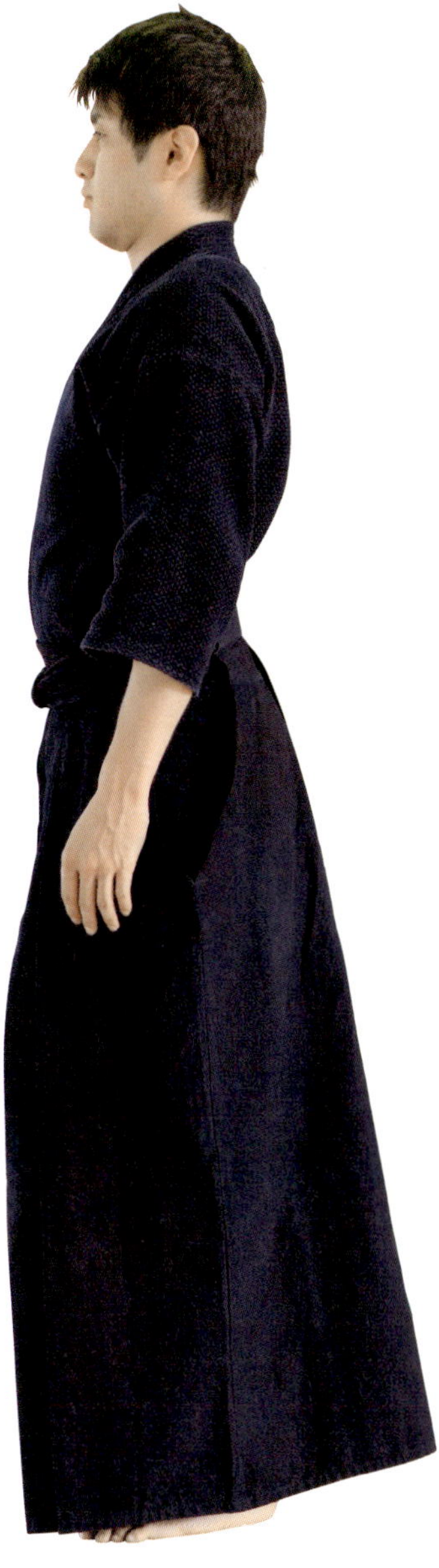

## 後ろ

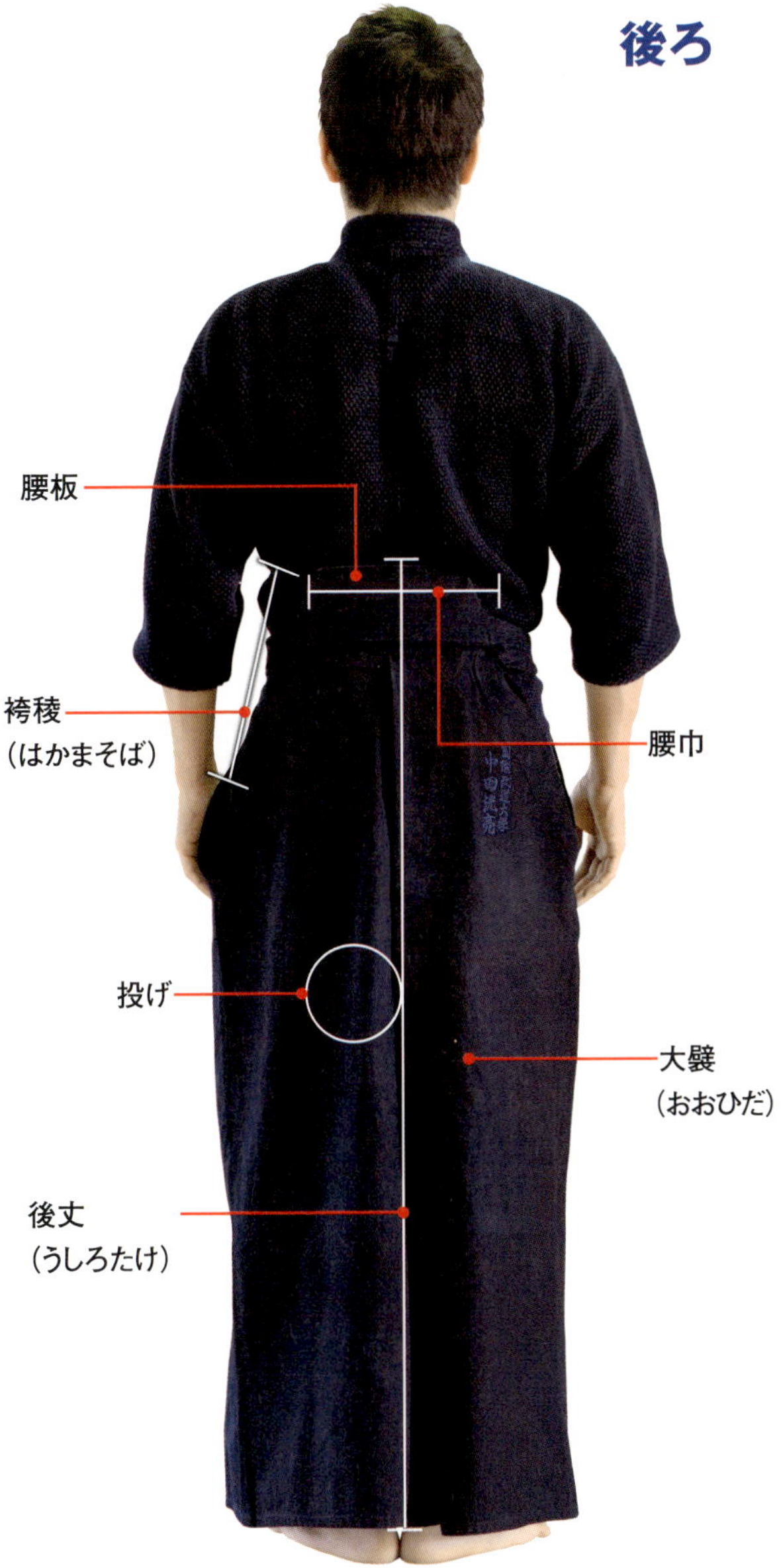


背中が膨らまないように、着装後に剣道着を下に引っ張っておく。袴は裾が前下がりになるようにはく

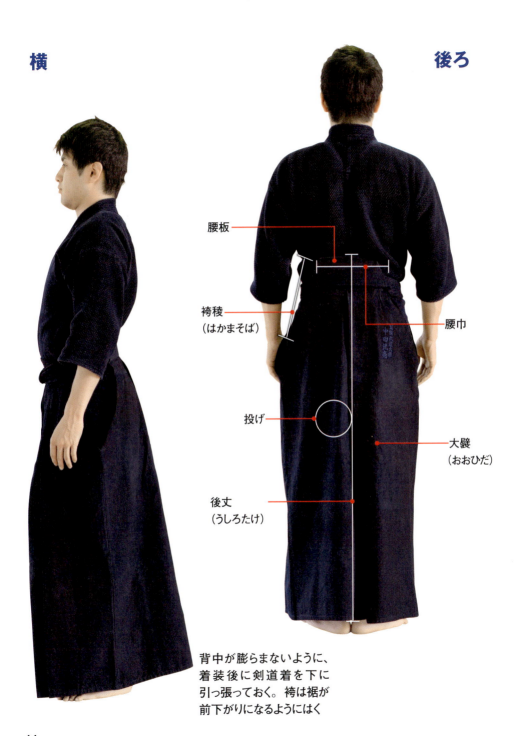

剣道の基礎知識

# 剣道具の着装

## 正面

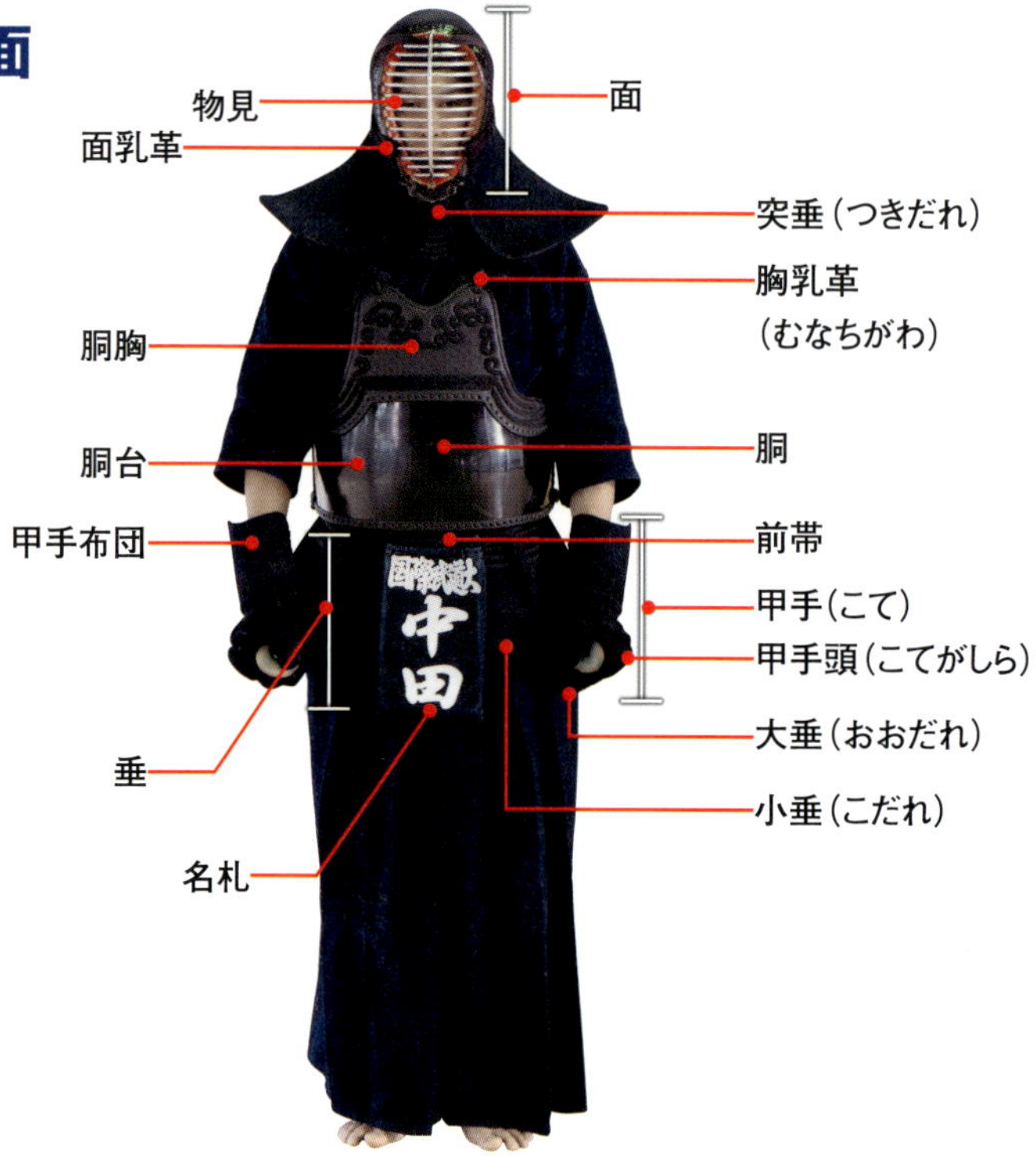
物見
面乳革
面
突垂（つきだれ）
胸乳革
（むなちがわ）
胴胸
胴台
胴
甲手布団
前帯
甲手（こて）
甲手頭（こてがしら）
大垂（おおだれ）
垂
小垂（こだれ）
名札
中田

## 稽古の途中でほどけないようにきつく結んでおく

剣道具の着装で注意しておきたいのは、稽古の途中でほどけないようにすることです。面や胴の紐がほどけるたびに稽古を中断することになってしまうので、ほどけないようにきつく結んでおきましょう。

面の着装で気をつけておかなければならないのは、面紐の長さです。剣道の試合では、面紐は結び目から40センチ以内と規定されています。面紐は長く使っていると徐々に伸びていくので、日ごろから40センチ以内に切っておくとよいと思います。

胴の着装は、左右の紐の長さを均等にし、胴を水平に身につけることがポイントです。後ろの紐は縦結びにならないように気をつけます。

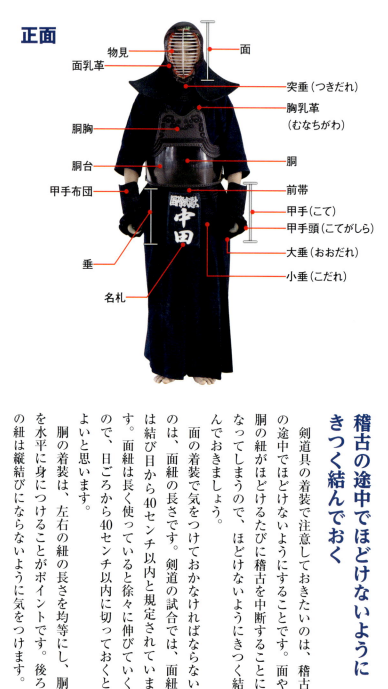

## 後ろ

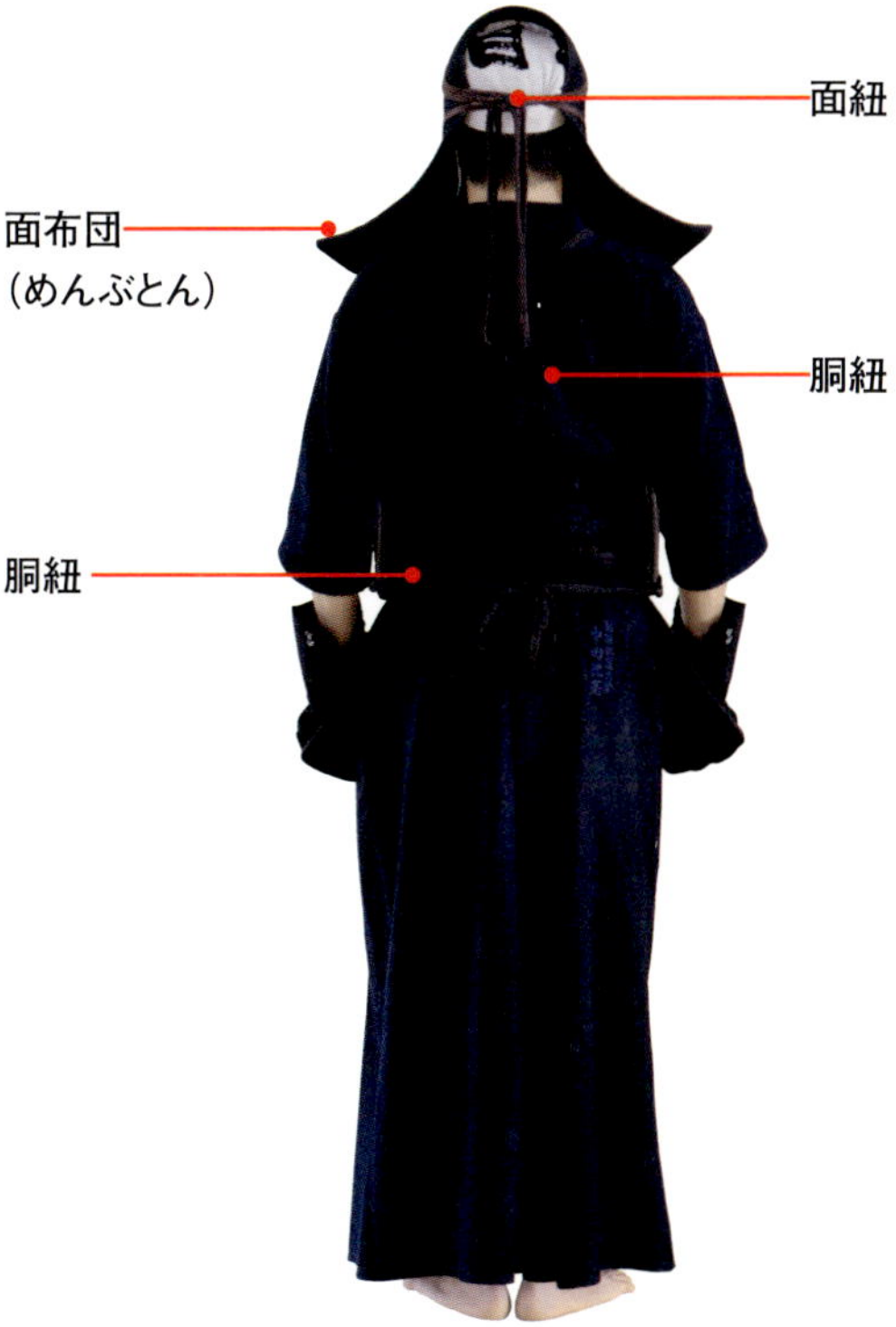


**POINT**

### 物見《ものみ》の位置に気をつける

「物見」とは、面金の上から数えて六本目と七本目の間を言います。面を正しく着けることができていれば、物見にきちんと両目が合います。物見が合っていないと、稽古中に面金が気になってしまうので、物見の合った面を身につけるようにしましょう。

# 礼法（立礼・正座・座礼）

立礼

## つねに相手を尊重する心を持つ

剣道を学ぶ上で、礼法を身につけることは必須事項と言えます。「礼に始まり礼に終わる」という言葉がありますが、剣道にはつねに相手がいます。相手を尊重し、切磋琢磨していく協力者として接していくには、礼儀作法がとても大切です。

剣道の礼法には、大きく分けて「立礼」と「座礼」があります。加えて、正しい「正座」の方法も身につけておかなければなりません。礼法のすべてに共通しているのは、相手を大事にする心です。立礼も座礼も、稽古をしていただく相手に心から感謝の気持ちを表しながら行ないます。感謝の気持ちを持つことで稽古が円滑に進み、お互いに成長していくことができます。

## 相互の礼

試合や稽古の際に行なう相互の礼は、相手から目線をはずさず、上体を約15度前傾させる

立った姿勢でおじぎをすることを「立礼」と言う。神前や上座、先生などに礼をする場合は、上体を約30度前傾させる。頭を下げたらその状態でひと呼吸置き、元の姿勢へと戻る

**POINT**

### 正座と座礼

「正座」は背筋をまっすぐに伸ばし、両膝をこぶしひと握り程度開いて座ります。両手は指先をそろえ、自然と太ももの上に置きます。「座礼」は、正座の状態から上体を傾けつつ両手を同時に床に着きます。そのまま静かに頭を下げ、ひと呼吸置いて元の姿勢に戻ります。

両手を着いたときは、手のかたちが三角形になるようにし、その中央に鼻先を向けるようにして頭を下げる

剣道の基礎知識

# 竹刀の握り方と名称

左手は柄頭（つかがしら）いっぱいに、右手は人差し指がわずかに鍔（つば）に触れる程度のところを握る。小指、薬指、中指の三本を強く締め、人差し指と親指は軽く添える程度に力を込める

## 左手を中心に上から握る

竹刀を持って戦う剣道という競技において、竹刀の握り方はとても重要です。正しく竹刀を握ることができていれば、自由自在に竹刀を扱うことが可能になります。

握り方の基本は、左手は柄頭《つかがしら》いっぱいに、右手は人差し指が鍔《つば》とわずかに触れるような間隔で上から握ります。小指、薬指、中指を締め、人差し指と親指は軽く添える程度に力を込めます。上から見たときに、竹刀の弦の延長線上が、両手の親指と人差し指の分かれ目を通るようにするとよいでしょう。

初心者の握り方でよく見られるのが、竹刀を横から握る持ち方です。竹刀を横から握ると、正しい手の内で竹刀を振ることができず、技に冴えが生まれません。竹刀の握り方はつねに注意しておきましょう。

## 竹刀の名称

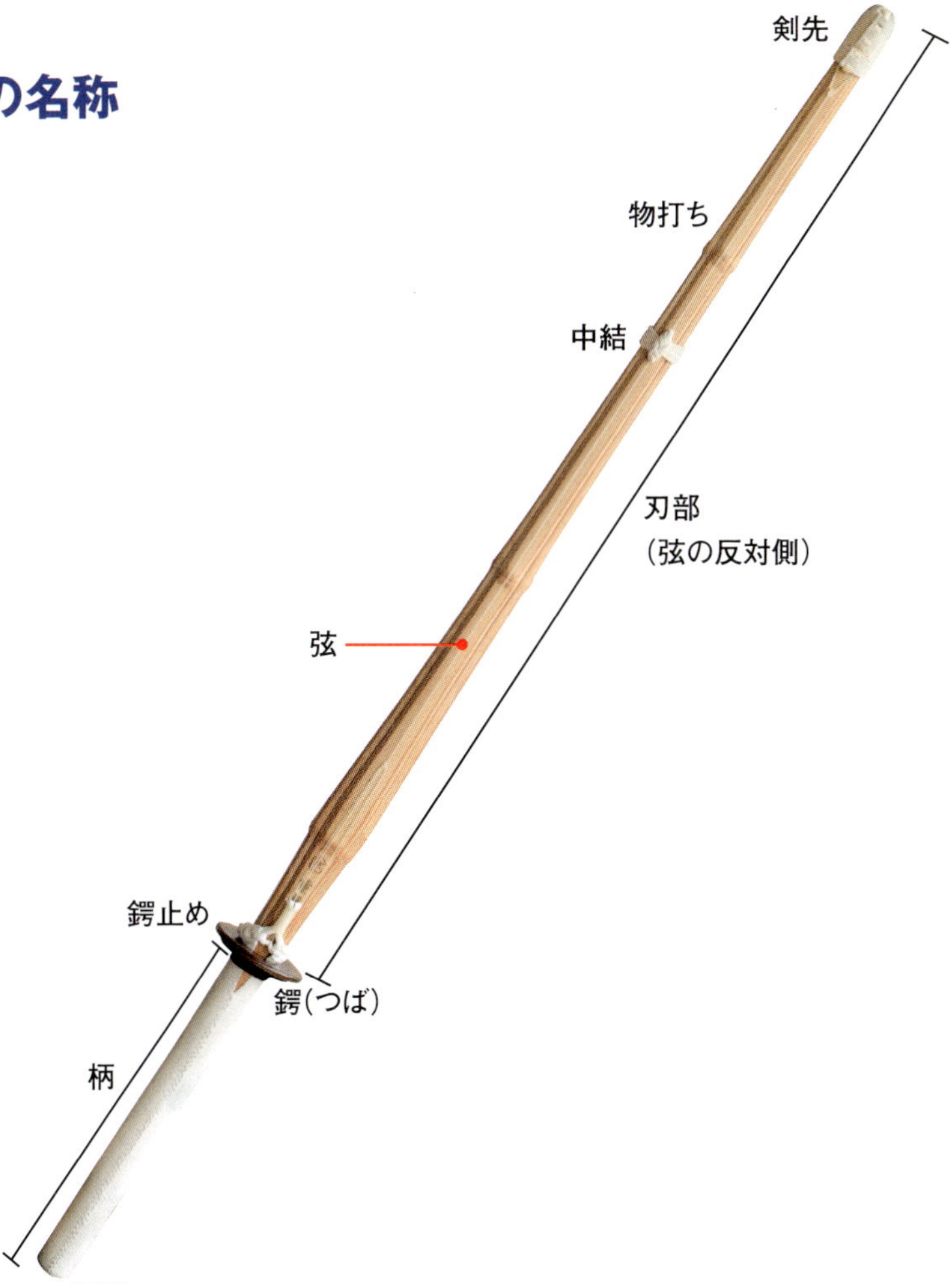


### NG 竹刀は強く握りすぎない

五指すべてを強く握ってしまうと、剣先が立ち自在に竹刀を使うことができなくなるので注意しましょう。

# 第1章
# 剣道の基本動作

これから学ぶ剣道の世界は、すべて基礎基本の上に成り立っています。基本をおろそかにすれば将来必ず大きな壁にあたり、成長を阻害することになるでしょう。反対に基本をしっかりと学んでおけば、正しく強い剣道が自然と身についていきます。構えや足さばきなどの基本を正しく習得し、次のステップへと進んでいきましょう――。

# 構え

## 中段の構え

肩の力を抜き、力むことなく自然体で構える。左こぶしが正中線からはずれないようにし、両足は前方に向ける

## “攻防一致”の中段の構え

剣道の構えには「上段の構え」、「中段の構え」、「下段の構え」、「八相の構え」、「脇構え」の5種類があります。ここでは、そのなかでも主に使用される中段の構えについて解説します。

中段の構えは構えの基本であり、剣道を学ぶすべての人が身につけておかなければなりません。攻めるにも守るにも有利な構えです。右手右足前で構え、左こぶしをへそ前よりこぶしひとつ分離れたところに置きます。剣先の高さは、剣先の延長が相手の両眼の中央、もしくは左目にくるようにします。足は両つま先を前方に向け、前後の開きは、右足かかとと左足のつま先が一直線になるようにし、左右の足はこぶしひとつ分程度開きます。左足かかとは床から浮かせ、両足に均等に体重をかけましょう。

## POINT 遠山の目付けで構える

構えでポイントとなるのが、相手のどこに目をつけるかです。目のつけどころによって、有利な体勢を維持することができたり、相手の動きに対して瞬時に対応できるようになります。

剣道の教えでよく言われるのが〝遠山の目付け〟です。一点を凝視するのではなく、遠い山を見るようにして相手と向かい合うと、相手の頭からつま先までが視界に入り、よく動きが見えるというものです。熟練者になれば、相手の目の動きでどんな技がくるかがわかると言います。構えを習得する上では、目付けについても心に留めておきましょう。

左こぶしをへそ前よりこぶしひとつ分離れたところに置く。剣先の延長が相手の両眼の中央、もしくは左目にくるように構える。両膝は曲げすぎず、伸ばしすぎず、自然の状態を保つ

## 上段の構え

上段の構えは〝火の構え〟とも言われ、とても攻撃的な構えです。中段の構えから竹刀を振りかぶった「諸手右上段」と、左足を前に出した「諸手左上段」が上段の主な構え方になります。

相手の攻撃に対し、退くことのない強い気持ちで大きく構える

中段の構えから左足を踏み出し、諸手を頭上に上げる。左こぶしは前頭部上に位置し、左自然体になって剣先はやや右斜めになる

基本動作

# 蹲踞《そんきょ》

膝を十分に開き、相手に対して正対する。両肩の余分な力を抜いて、上体をまっすぐに保つ

## かかとの上にお尻を乗せて重心を安定させる

「蹲踞《そんきょ》」とは、試合や稽古のはじめと終わりに行なう姿勢のことを言います。

稽古のはじめでは、提刀《さげとう》の状態から左手を腰につけて帯刀《たいとう》し、歩み足で大きく三歩前に出ながら竹刀を抜いて蹲踞の姿勢をとります。

蹲踞の姿勢は、構えた状態から背筋を伸ばして腰を下ろし、膝を十分に開きます。両かかとをあげて右自然体となり、かかとの上にお尻を乗せて重心を安定させます。

注意しておきたいのは、蹲踞の姿勢をとるときにバランスをくずし、竹刀を床につけてしまわないことです。余分な力を抜き、上体をまっすぐに保って、相手の動きにいつでも対応できるような気の充実を図りましょう。

両かかとの上にお尻を乗せてバランスをとる。上体が後傾しないように注意する

## NG 蹲踞の時点から戦える準備を整えておく

稽古や試合は、相手と構え合ってからが勝負のスタートではありません。互いに礼を交わしたところから、勝負ははじまっています。蹲踞においても、右のように上体が丸まった気の抜いた姿勢でいると、立ち上がってすぐに打たれてしまいます。気を抜くことなく、いつでも相手の動きに対応できる気持ちを持つようにしましょう。

基本動作

# 足さばき

## 歩み足・送り足・開き足・継ぎ足

### 身体の上下動を抑えながら身体を前方に運ぶ

剣道における足さばきとは、相手を打突したり、相手の技をかわしたりするための足の運び方を指します。足さばきは剣道の基本中の基本であり、正しい足さばきを習得できてこそ、多彩な技を身につけることができます。

足さばきには「歩み足」、「送り足」、「開き足」、「継ぎ足」の4種類があるとされています。

「歩み足」は、相手との間合が遠い場合に、素早く間を詰めるために使用することが多く、通常の歩行と同じように右足と左足を交互に出して前進および後退をします。

「送り足」は、剣道で最も使用される足さばきであり、相手との間合が近い場合に素早く細かく間を詰めるため、あるいは打突へのつなぎとして使

3 右足を前に出した分だけ左足を引きつける

4 右足を一歩前へ

送り足は、主に近距離を移動する際に用いる剣道の基本となる足さばき。前方に進む場合は、右足を大きく踏み出し、すぐさま左足を同じだけ引きつけて元の足構えにもどる。腰から移動するイメージで行うと、身体の上下動を抑えることができる

7 左足を素早く引きつける

用します。移動する方向の足を踏み出し、もう一方の足を直ちに引きつけて、つねに基本の足構えを維持します。

「開き足」は、相手の打突を防いだり、打突をかわしながら反対に打突をする場合に使用します。右に開く場合は右足を右斜め前に出し、左足を右足に引きつけて相手に向けます。左に開く場合は左足を左斜め前に出し、右足を後方に引きつけて相手に正対します。

「継ぎ足」は、主に遠い間合から打突をする場合に使用します。左足を、右足を越えないように前方へと引きつけ、引きつけると同時に右足から大きく踏み出して打突します。

足さばきを稽古する上でポイントになるのが身体の上下動です。横から見て頭の位置が大きく上下に動くようでは、正しい足さばきとは言えません。身体の上下動を抑えた足さばきが習得できれば、相手に動きを悟られることなく、間合を詰めたり打突に移行することが可能になります。

基本動作

# 足さばきの稽古

## つねに打突に移ることのできる足構えを維持しながら動く

剣道では足さばきの重要性を表わす言葉として「一眼二足三胆四力」という教えがあります。この教えは、剣道における重要な要素を順序づけしたもので、「一眼」は相手の心と身体の動きを見破る洞察力、「二足」は足さばき、「三胆」は胆力と言われる、いわゆる勇気や度胸、そして「四力」は身体能力や剣の技倆《ぎりょう》を指しています。

体力や技術よりも足さばきが重要視されているのは、結局は足さばきが伴わなければどんな技も出すことができないからです。360度どこに足を運んでも、つねに打突に移ることのできる足構えを維持しておかなければなりません。この足さばきを習得することができれば、相手の技をすんでのところでかわし、隙を逃さず打突することができるようになります。

### 前後左右の足さばき

1 基本の足構え

2 右足を一歩前へ出す

3 左足をすぐさま引きつける

左足を
一歩後方へ
4

右足を左足に
引きつける
5

左足を一歩
左側へ出す
6

右足を左足へ素
早く引きつける
7

右足を一歩
右側へ出す
8

すぐさま左足を右
足へ引きつける
9

足さばきは前進後退だけでなく、360度どこに足を運んでも正しい姿勢が維持できていなくてはならない。とくに後退する場合は、左足のかかとを床につけないように注意する

# 上下振り

## 剣先が大きな孤を描くように振る

素振りは、相手をつけずに一人で竹刀や木刀を振る稽古法です。正しい竹刀の振り方や手の内の使い方を身につけるためにも、習熟度を問わず必須の稽古法と言えます。身体をさばきながら竹刀を振ることで、打突の基本を習得する意味合いもあります。

「上下振り」は、中段の構えから竹刀を大きく振りかぶり、剣先を膝頭程度まで振り下ろす素振りです。振り下ろしは両腕をしっかりと伸ばして、剣先が大きな孤を描くようにします。

素振りを行なう上でのポイントは、手の内のかたちを変えないことと、両こぶしが正中線からはずれないことです。振り下ろしたときに左こぶしが抜けてしまわないように注意しましょう。

1 中段に構える

2～3 竹刀を大きく振りかぶりながら右足を踏み出していく

4～6 剣先が大きな孤を描くように意識しながら、膝頭程度まで竹刀を振り下ろす。左足は素早く引きつけ、基本の足構えにもどる

## POINT しっかり振り切る

剣先が大きな孤を描くように、膝頭程度までしっかりと振り切りましょう。

素振り

# 空間打突・正面打ち（前進後退）

## 一本一本をしっかりと打ち切る

「空間打突」は、自分の前方に相手や目標を想定し、その目標（空間）に向かって面・小手・胴・突きなどを打つ、突く素振りです。

この素振りは初心者から熟練者まで、剣道を学ぶすべての人にとって欠かすことのできないものです。とくに正面打ちは、上下振りと同じように、打突の基本を習得するのに大切な素振りです。中段の構えから右足を踏み出しつつ竹刀を大きく振りかぶり、相手の頭上を目がけて竹刀を振り下ろし、同時に左足を引きつけます。

素振りのポイントは一拍子で一本一本を打ちきることです。振り切る瞬間にしっかりと腕を伸ばし、手首のスナップを利かせて、剣先の活きた素振りを心がけましょう。

1中段に構える

2～3竹刀を大きく振りかぶりながら右足を踏み出していく

4～6相手の頭上を目がけて竹刀を振り下ろしながら、素早く左足を引きつける。打突の瞬間は腕を伸ばして手首のスナップを利かせ、剣先を鋭く走らせる

**POINT** **相手がいると思って振る**

相手を想定し、頭上目がけて一本一本を振り切りましょう。

素振り

# 斜め振り（左右面打ち）

斜め45度の角度で相手の左面および右面を打つ

## 振りかぶりと振り下ろしが同じ軌道を通るように振る

「斜め振り」は、一般的に中段の構えから大きく振りかぶり、竹刀は右斜め左斜め45度くらいの角度で下段程度の高さまで振り下ろします。この動作を会得しながら、左右面打ちや左右胴に近づけていきます。

「左右面打ち」は、中段の構えから大きく振りかぶり、頭上で竹刀を返して斜め45度くらいの角度で相手の左面、もしくは右面を打ちます。この際に、刃筋を正すこと、手の内をよく締めることを忘れてはいけません。前進後退の送り足や開き足を伴いながら行う場合は、振りかぶりと振り下ろしが同じ軌道を通ることと、必ず竹刀と足さばきが協調するように振り、とくに刃筋を正すことを意識しましょう。

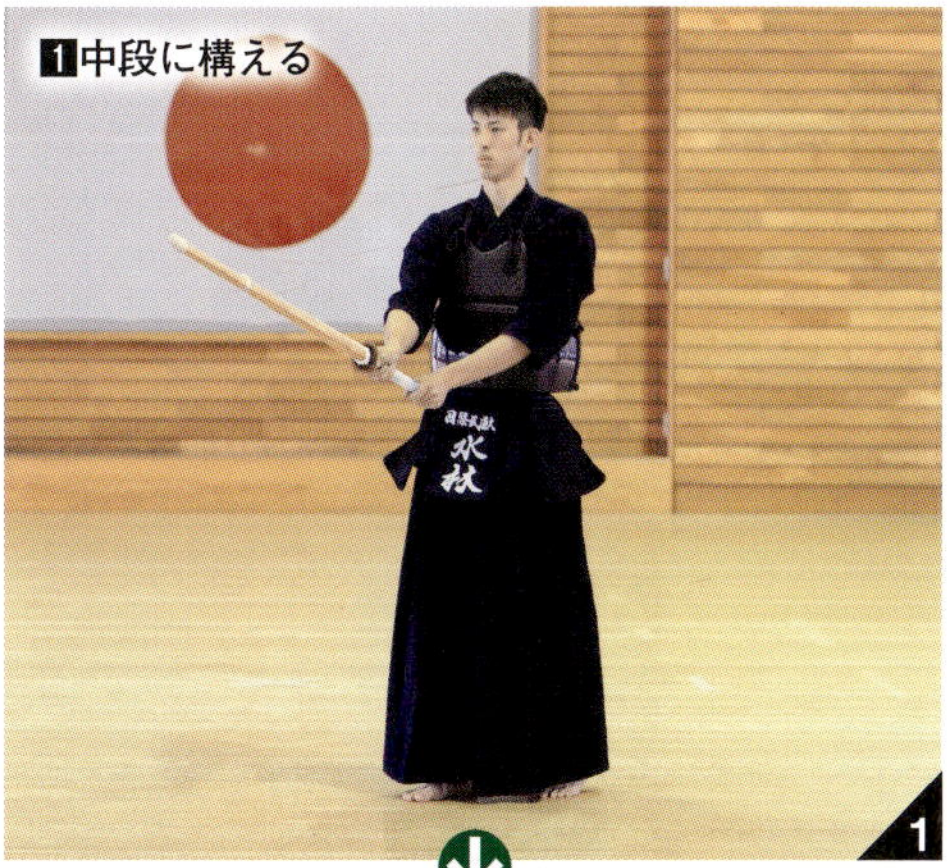


1中段に構える

2右足を踏み出しながら竹刀を頭上に振りかぶる

3斜め 45 度の角度で竹刀を振り下ろし、相手の左面を打つ

4左足から身体を後方に運びながら、振り下ろした軌道を通って竹刀を頭上に振りかぶる

5～6頭上で竹刀を返し、斜め 45 度の角度で相手の右面を打つ

# 跳躍素振り（早素振り）

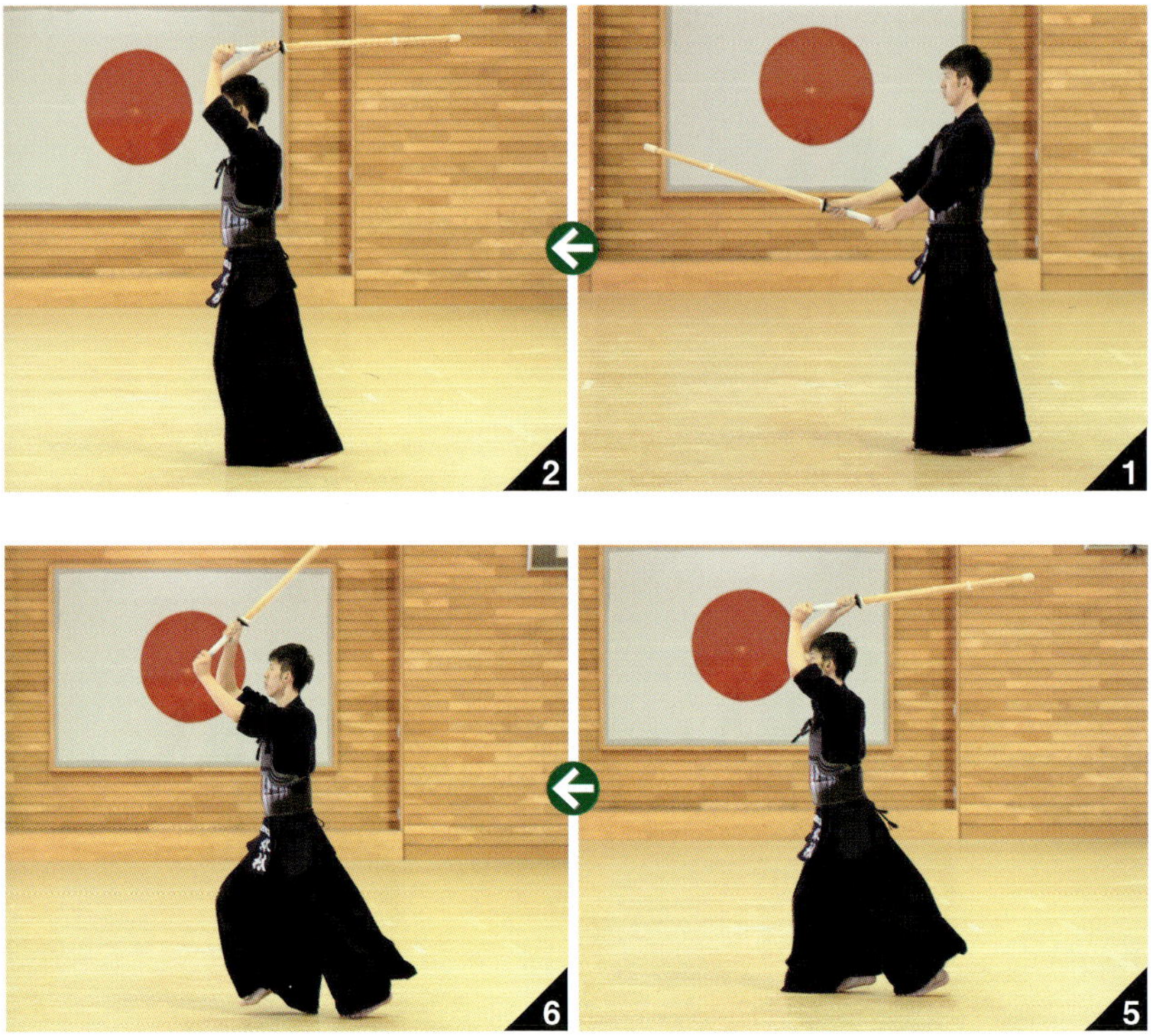


## 跳躍しながら リズム良く竹刀を振る

前後に跳躍をしながら素振りをすることを「跳躍素振り」と言います。「早素振り」と呼ばれることもあります。竹刀を振る上半身の動作と、跳躍する下半身の動作をバランスよく連動させることで、実戦に近い感覚で素振りを行なうことができます。稽古前の準備運動や稽古後の整理運動としても効果的です。

中段に構えた状態から、左足を鋭く蹴り出して跳躍しながら正面を打ちます。その後、右足を蹴り出して身体を一歩後退させながら振りかぶり、同じように左足を蹴り出して正面を打ちます。この動作を連続させ、リズム良く竹刀を振ります。身体を前に運んだときに、左足が右足を追い越してしまわないように注意しましょう。

1中段に構える
2～4竹刀を頭上に大きく振りかぶり、左足を蹴り出して身体を前方に運びつつ竹刀を振り下ろす
5右足を蹴り出して身体を後方に運びながら竹刀を振りかぶる
6～7同じように左足を蹴り出して身体を前方に運びつつ竹刀を振り下ろす

POINT

## 打突時の体勢を整える

「跳躍素振り」は前後に跳躍しながら竹刀を振りますが、竹刀を振り切った瞬間は、他の素振りと同じように正しい打突の姿勢となります。左足が右足を越えないように注意し、右足、左足と順に着地することを心がけましょう。上体は前傾しがちなので正しい姿勢を保ち、剣先はしっかりと相手の頭上に振り下ろしていきます。

間合

# 一足一刀の間合・遠間・近間

一足一刀の間合
一歩踏み込めば相手を打突することができ、一歩下がれば相手の打突をかわすことのできる距離

## 相手との攻防に重要な三つの間合を知る

間合とは、自分と相手との距離を言います。剣道には「一足一刀の間合」、「遠間」、「近間」の三種類の間合があります。

「一足一刀の間合」とは、一歩踏み込めば相手を打突することができ、一歩下がれば相手の打突をかわすことのできる間合です。剣道はこの間合で攻防を行ない、剣先の攻めや体さばきで相手をくずして技を出します。

「遠間」と「近間」は言葉の通り、「遠間」は自分も相手も打突の届かない距離、「近間」は反対に、どちらも打突ができる非常に危険な距離です。

間合の攻防は、剣道において最も大事な要素と言っても過言ではありません。稽古も間合を意識しながら行ないましょう。

**遠間** 一足一刀の間合よりも遠く、自分も相手も打突が届かない距離

**近間** 一足一刀の間合よりも近く、自分も相手も打突することのできる危険な距離

# 有効打突と打突部位

有効打突と打突部位

## 気剣体の一致を目指す

剣道は「有効打突」を競い合う競技です。「有効打突」は「一本」とも呼ばれ、決められた打突部位を竹刀で正しく打突することを指します。全日本剣道連盟の試合審判規則により〝有効打突は充実した気勢、適正な姿勢をもって、竹刀の打突部で打突部位を刃筋正しく打突し、残心あるものとする〟と定められています。

有効打突の要件は、言い換えるなら「気剣体の一致」です。「気（充実した気勢）」、「剣（正しい打突）」、「体（適正な姿勢）」の三要素を満たし、さらに残心を示すことで、審判により有効打突であると認められます。残心とは、打突したあとも相手に気を許さない「気構え」、「身構え」であり、次の反撃に備えることを言います。

中段の構え
面
右面
左面
突き
右小手
右胴
左胴
中田

右小手
面
上段の構え
左小手
突き
右胴
左胴
中田

小手

面

突き

胴

# すり足で大きく面を打つ

## 打突の仕方（打ち方・突き方）
## その1　面打ち

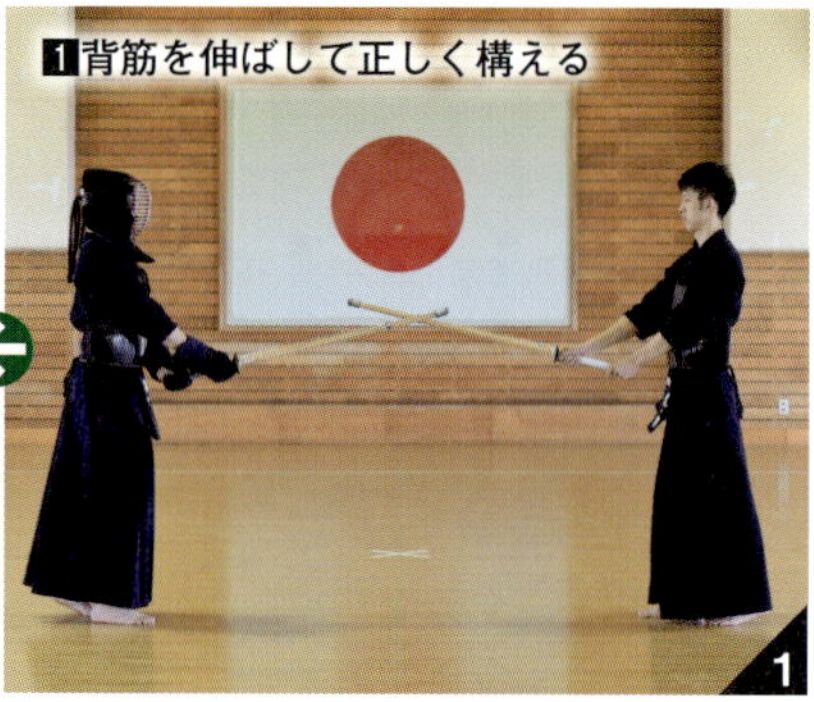

1背筋を伸ばして正しく構える

2〜5すり足で右足を前に進めると同時に、竹刀を振りかぶる

6〜7左足を引きつけながら竹刀を振り下ろす

### 手足の一致を意識して大きな動作で面を打つ

「面」は、剣道のなかでもっとも重要な技と言えます。初心者のうちはまず、正しく面を打つことを目標に稽古をするとよいでしょう。

面打ちは竹刀を頭上に振りかぶり、右足から送り足で相手の面を打ちます。初心者のうちは踏み込み足ではなく、すり足で一つひとつの動作を確認しながら行なうと、習得がスムーズにいくと思います。

振りかぶりは両こぶしが正中線からはずれないように、振り下ろしは両腕をしっかり伸ばして、大きな動作で面を打ちます。

はじめから小さく速く打とうとすると、打突時に手と足が一致しません。初心者のうちはゆっくりでもよいので、手と足を一致させることを目指しましょう。

❽手足を一致させて相手の面を打つ

## POINT 右足を出しながら振りかぶる

右足を出しながら振りかぶることで、手足の一致した面打ちが可能になります。背筋を伸ばし、上体が前傾や後傾しないように注意しましょう。

# 打突の仕方（打ち方・突き方）
# その2　小手打ち

# すり足で大きく小手を打つ

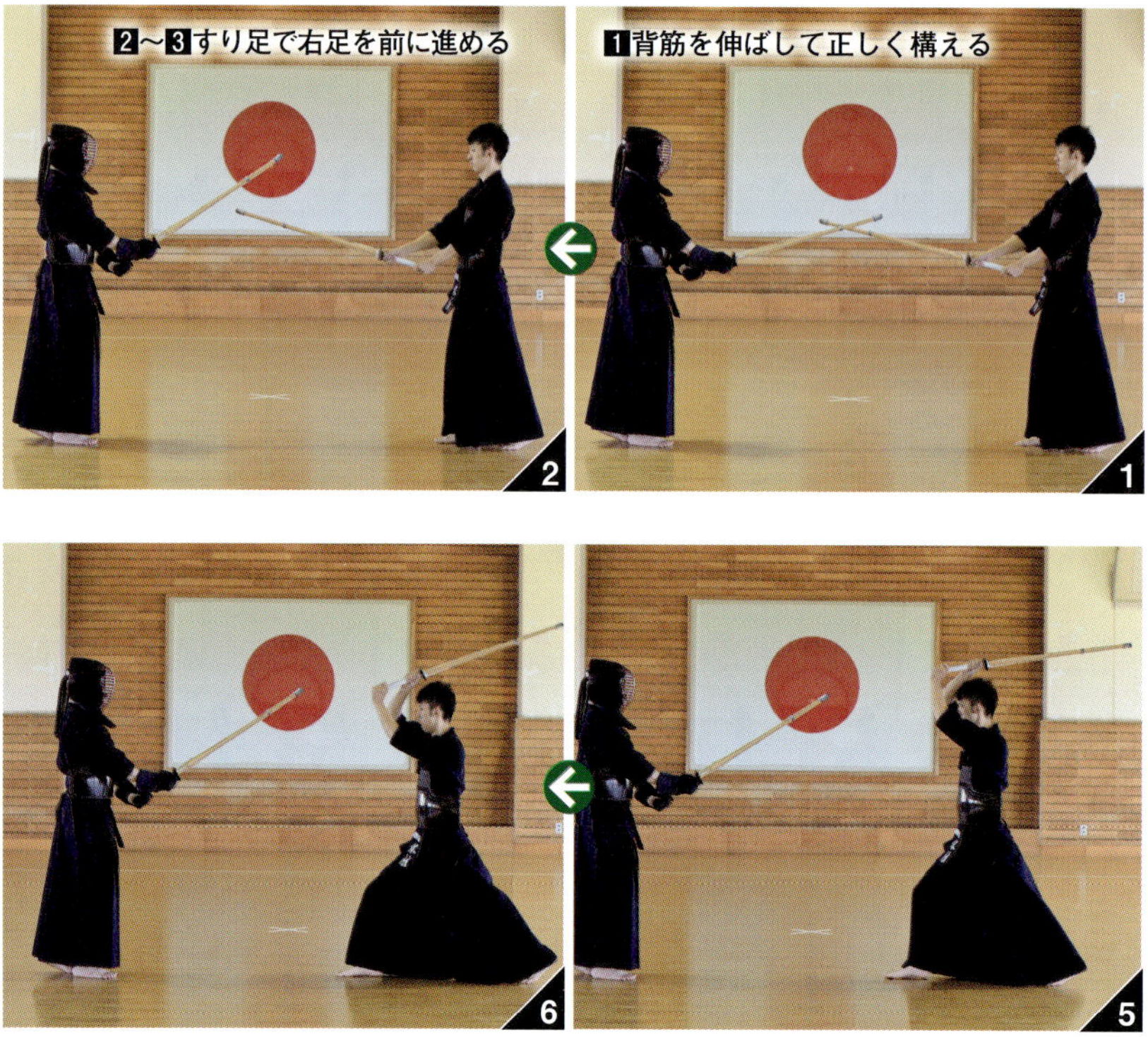

1背筋を伸ばして正しく構える

2～3すり足で右足を前に進める

## 手先だけではなく身体全体で小手を打つ

「小手」は、一般的に相手の右小手を打つ技です。面打ちのときと同じように、最初はすり足で大きく竹刀を振りかぶりながら行ないましょう。

小手は自分から見て、四つある打突部位のなかで一番近くにあります。手を伸ばせば当たる距離ですが、手先だけを伸ばして打った技には勢いがありません。小手打ちは両腕の間から相手の右小手が見える程度の位置まで竹刀を振りかぶり、身体全体で打つイメージが大切です。同時に、一足一刀の間合から小手を打つ際に、小手打ちと面打ちとでは間合が異なることも理解しましょう。

小手を打ったあとは瞬間的に左足を引き寄せ、腰が引けないようにすることもポイントです。

3

4～6右足を進めるのと同時に、竹刀を大きく振りかぶる

4

7左足を引きつけながら竹刀を振り下ろす

7

8竹刀が床と平行になる程度まで振り下ろして小手を打つ

8

POINT

## 相手の右側に右足を踏み出す

相手の小手は自分から見て中心より左側に位置しています。打ち出すときは、自分の右足をわずかに相手の右側に踏み出すと（矢印確認）、まっすぐ相手の小手を打つことができます。

# すり足で大きく胴を打つ

打突の仕方(打ち方・突き方)
その3　胴打ち

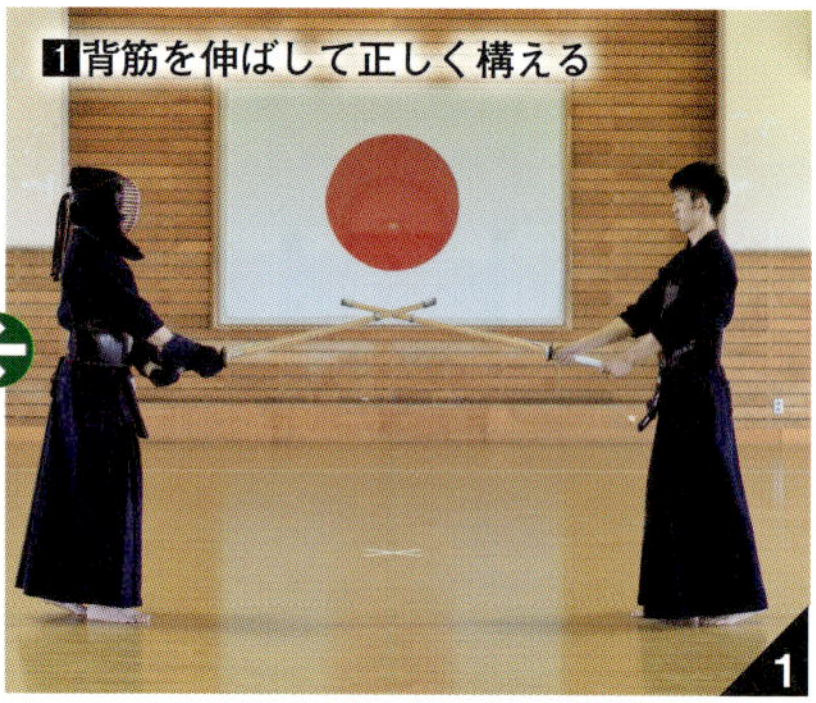

1 背筋を伸ばして正しく構える

2〜3 すり足で右足を前に進める

5

6〜7 頭上で手を返し、左足を引きつけながら竹刀を振り下ろしていく

## 正しい刃筋を意識して腰の入った正しい姿勢で打つ

「胴」には「右胴」と「左胴」がありますが、胴打ちは右胴打ちが基本になります。

胴打ちは、構え合った状態から面と同じように竹刀を振りかぶり、頭上で手を返して相手の右胴を打っていきます。意識しておきたいのは竹刀の刃筋です。打突部位は竹刀の弦の反対側でとらえなければなりません。刃筋が通っていない打ち方を平打ちと言いますが、平打ちにならないよう、頭上でしっかりと手を返しましょう。

とくに初心者は、小手打ちのときと同じように、前傾姿勢から手先だけを伸ばして胴を打っていきがちです。腰が引けていると剣先に勢いが出ず、軽い打ちなってしまうので、腰を入れて正しい姿勢で打つ意識を持つことが大切です。

4～5竹刀を大きく頭上に振りかぶる

8正しい刃筋で相手の右胴を打つ

## POINT 竹刀を頭上まで振りかぶってから手を返す

胴打ちでよく見られる悪い例が、構えた状態からそのまま手を返す打ち方です。この打ち方では、一本になるような勢いのある打突にはなりません。とくに初心者のうちは、必ず頭上まで竹刀を振りかぶりましょう。振りかぶりから振り下ろしまでを一連の動作で行なうこともポイントです。

## その4　突き

## 諸手突き

**1** 背筋を伸ばして正しく構える

**2～3** 構えたままの状態で、腰から前に出るイメージで突きはじめる

**6～8** 左足を引きつけて、強く相手の喉を突く

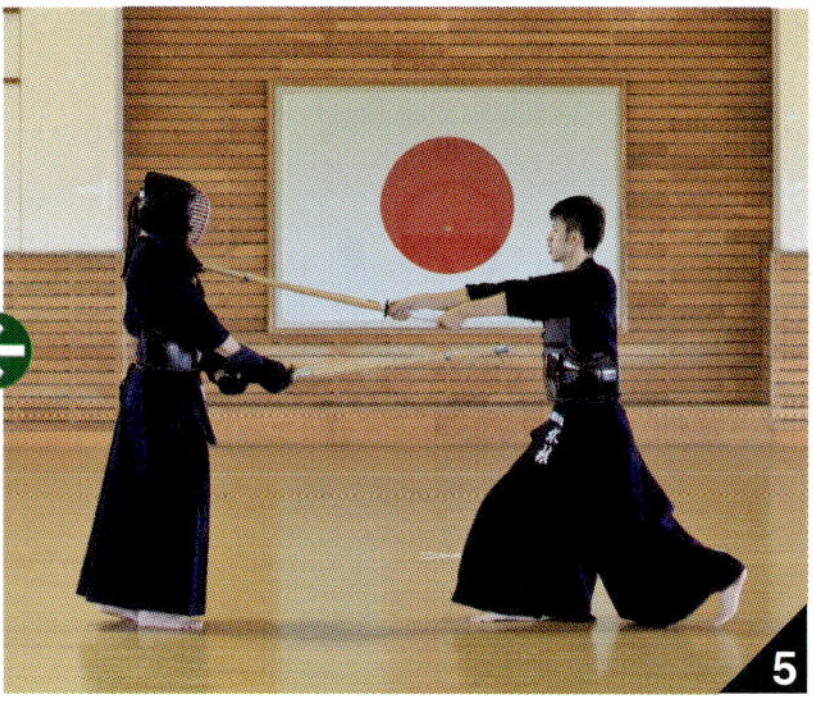

### 剣先をぶらすことなくまっすぐ相手の喉めがけて突く

「突き」には両手で行なう「諸手突き」と片手で行なう「片手突き」があります。突きが試合で有効と認められるのは高校生以上と定められています。初心者の段階では、基本となる諸手突きを中心に稽古をするとよいでしょう。

突き技上達のポイントは、剣先をまっすぐ相手の喉に向けて突くことです。そのためには剣先のブレを抑えなくてはなりません。剣先がブレる理由の多くは体勢のくずれにあります。正しい姿勢を維持し、腰から前に出るイメージを持ちながら突いていくことで、剣先のブレを抑えながら相手を突くことができます。

突いたあとは突きっぱなしにせず、すぐさま中段の構えにもどりましょう。

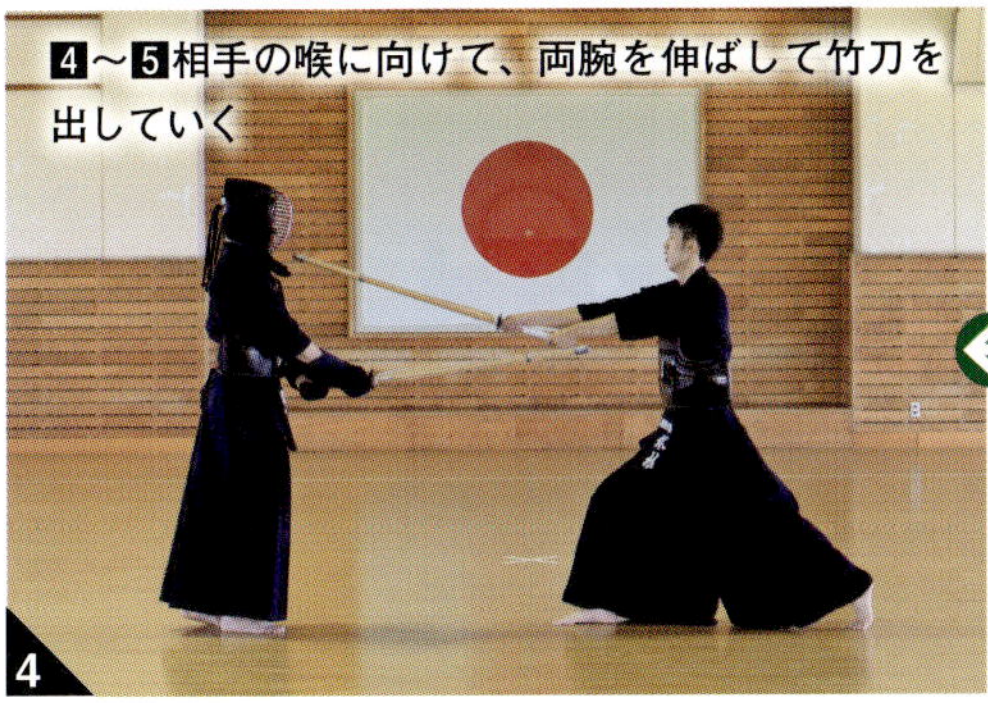


4～5相手の喉に向けて、両腕を伸ばして竹刀を出していく

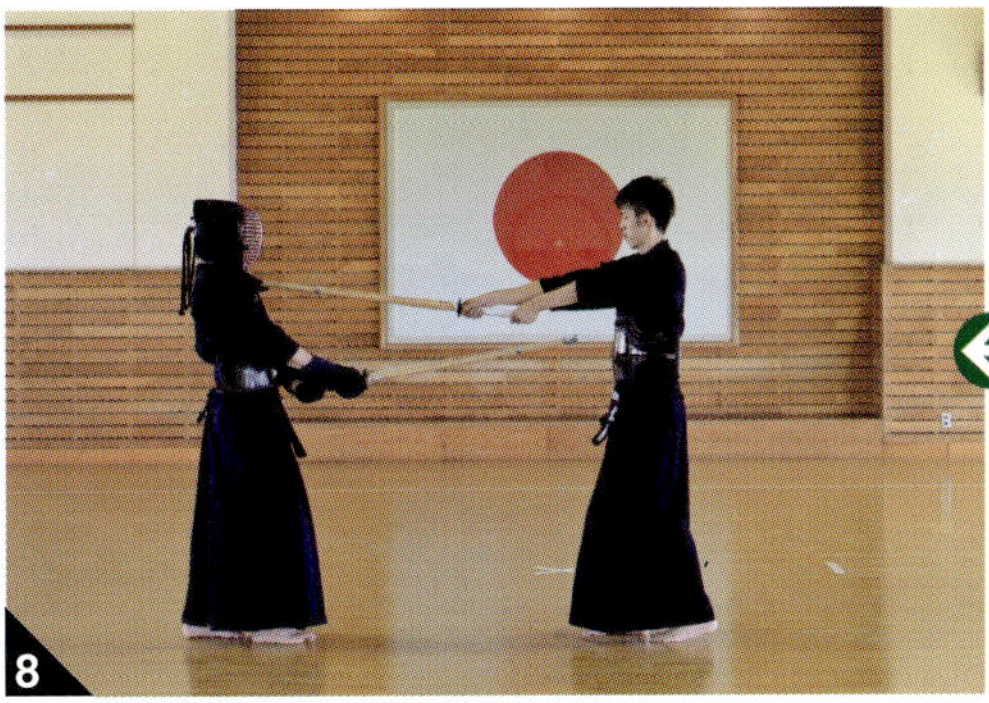


## NG 構えたかたちをくずさずに突く

体勢がくずれると剣先がぶれ、上手に突くことができません。できるだけ構えたかたちをくずさず、相手の喉に向けてまっすぐ突いていくことを心がけましょう。

腰が引けている

左こぶしが上がっている

肘が曲がっている

# 鍔《つば》ぜり合いと体当たり

竹刀をわずかに斜めにして手元を下げ、下腹に力を入れて攻撃の機会をさぐり合う。背筋を伸ばして正しい姿勢を保ち、いつでも攻撃できる体勢を保っておく

## 鍔ぜり合いは積極的に機会を作る　体当たりは身体全体でぶつかっていく

「鍔ぜり合い」とは、お互いの距離が接近し、自分の鍔と相手の鍔が接触して競り合う状態を言います。稽古や試合のなかでは、打突や体当たりのあとになることが多いですが、鍔ぜり合いは時間を引き延ばしたり身体を休める時間ではありません。むしろお互いが打突することのできる危険な距離ですから、積極的に技を出す機会を作り出していきましょう。

「体当たり」は、打突の勢いで自分の身体を相手にぶつけ、体勢をくずして打突の機会を作り出す動作を言います。手先から当たっていくのではなく、腰を中心に身体全体でぶつかっていくことを心がけると、勢いのある体当たりが実践できると思います。

1～3打突の勢いで自分の身体を相手にぶつけていく
4～5腰から当たるようなイメージで行なうと、正しい姿勢を維持できる
6～7相手が体勢をくずすような勢いのある体当たりが実践できる

# 第2章

# しかけ技

## 剣道の応用動作（対人的技能）

剣道の技は、大きく分けて「しかけ技」と「応じ技」に分けられます。「しかけ技」とは、自ら攻めて打突の機会をつくり出して打つ技のことであり、剣道におけるもっとも大事な部分でもあります。基本を大事にしながら、しかけ技のポイントなどを第2章で学んでいきましょう——。

# しかけ技（しかけていく技）とは

## 攻める気持ちをつねに持ち相手をくずして打つ過程を身につける

しかけ技（しかけていく技）とは、自ら積極的に攻め、相手をくずして打ちこんで行く技の総称です。

しかけ技における重要な要素が「攻め」です。攻めもなく、ただ積極的に打ちこんでいても、一本を奪うことはできません。攻めによって相手をくずすことではじめて、一本となる打突の好機が見えてきます。基本稽古においても、ただ元立ちの空けてくれた部位を打つのではなく、必ず攻めを入れてから打つことを心がけると、基本稽古が試合に直結するような、実戦的なものになります。

攻める気持ちを養うという意味でも、とくに初心者は「しかけ技」を十分に稽古することが望ましいと思います。

**【しかけ技の種類】**

**①一本打ちの技**
**（攻めに対する相手の剣先の変化をとらえた打突）**
**②連続技（二・三段の技）**
**③払い技**
**④出ばな技**
**⑤引き技**
**⑥捲き技**
**⑦かつぎ技**
**⑧片手技**
**⑨上段技**
**⑩二刀の構えからの技**

## 払い技

「払い技」は相手の竹刀を払い上げたり払い落とすことで、構えをくずして打ち込む技

## 出ばな技

「出ばな技」は、相手が攻め込もうとしたり打突しようとする動作の起こり端をとらえて打ち込む技

## 捲き技

「捲き技」は、相手の竹刀を捲き上げたり捲き落とすことで、構えを崩して打ち込む技

## 引き技

「引き技」は、体当たりやつばぜり合いの機会に引きながら打つ技

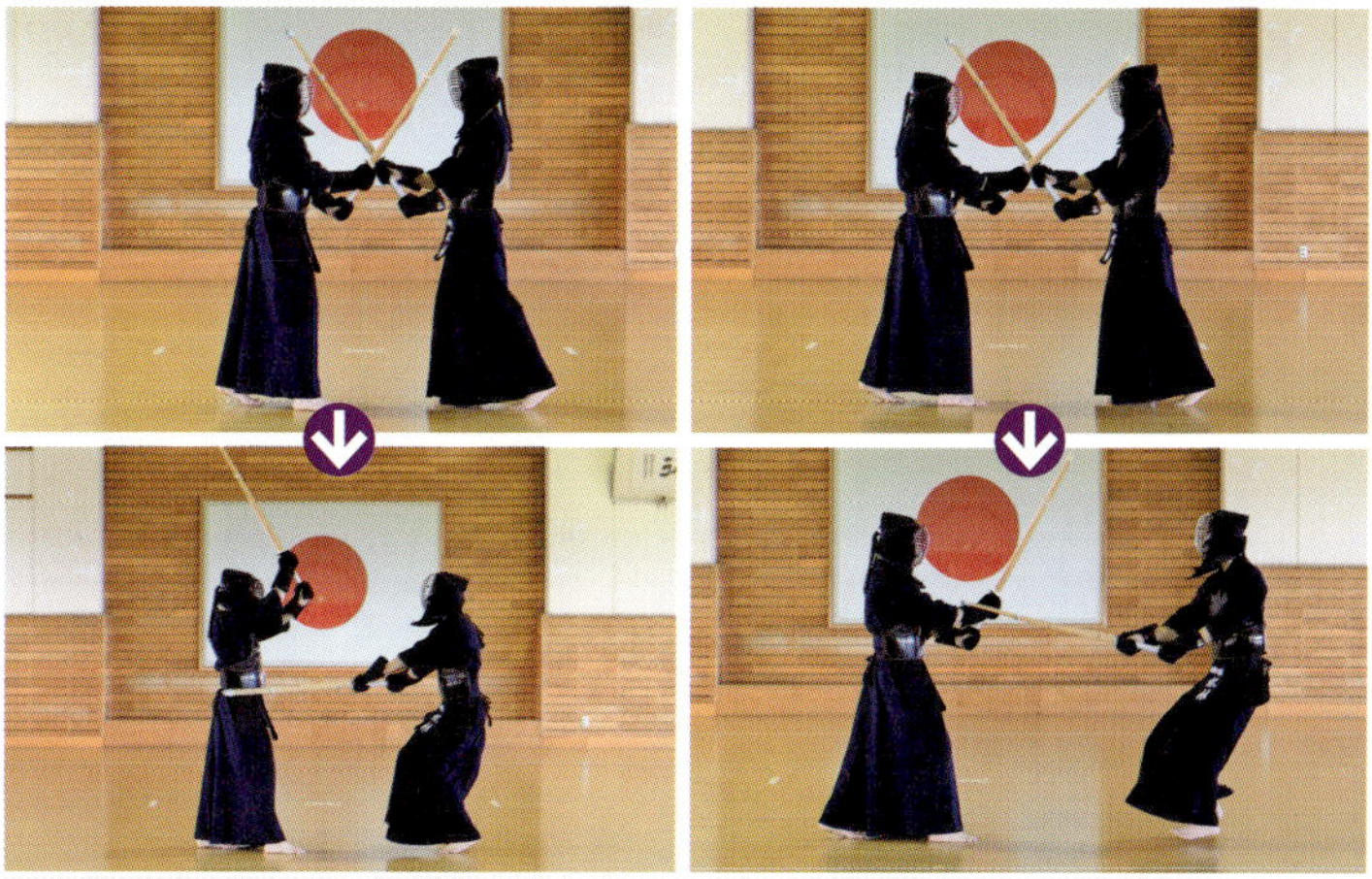

# 攻めについて

## 身体の軸を維持しながら色なく攻める

剣道でもっとも大事な要素、それは「攻め」です。稽古に臨むにあたり、攻めについて頭に入れておいてもらいたいことがあります。

剣道の攻めのなかで、とくに意識してもらいたいのが「中心をとる」ことです。間合を詰める際は、「中心」「表」、「裏」の三つの攻めをつかい分けるとよいでしょう。中心を割っていくだけでは、攻めが単調なものになってしまいます。ときには剣先で相手の様子を確かめながら、表から入ったり裏から入ったりすることも必要です。中心を割ることを主軸としながら、表裏でゆさぶりをかけるイメージです。また、攻めるときは手先を伸ばしてくずすのではなく、左足の力で右足を押し出すように足を主導にします。なるべく緻密に「いつの間にか間合に入られていた」と相手に感じさせることが理想的です。当然、攻める前にこちらがくずれ

足幅は極力一定にし、臨機応変に
相手に対峙できる構えを維持する

中心を割る攻めが剣道の王道。
表や裏からの攻めも用いる

てしまうと、攻めは通じません。「隙があれば打つ」という気持ちで、目線や剣先を変えず、色なく攻めることが理想です。攻めは一朝一夕に身につくものではありません。普段の稽古から意識することで、本番でも相手を攻めくずすことができるでしょう。

そしてもう一つ、攻めで大事にしてもらいたいのが「攻め足」です。剣道は、攻める足は右足、打突を決断する足が左足となります。この左右の足を巧みにつかうことで攻めが生き、打突の機会も生まれやすくなります。

攻め足を身につけるには、まず身体の軸をくずさないことを心がけましょう。剣道において、姿勢は構えの土台であり、いかなる相手の変化にも自由自在に対応できるものでなければなりません。鏡に向かっているときは容易に理想的な構えをつくれても、相手との攻防のなかでその構えを維持できなければ意味はありません。重心はつねに自分の中心に置き、前傾したり後傾したりせず、身体の軸をくずさずに構えましょう。また、余分な力が入ると足さばきがぎこちないものになります。相手の圧力を受け流すような気持ちで構え、機会が見えたら一気に打ち切りましょう。

# 攻めて面

1~2相手と中心をとり合う

5~6左足を強く蹴り出して面を打ち出していく

## 剣先で中心をとり合い 相手の剣先が開いたところを打つ

剣道は対人競技です。自分がいくら相手を打ちたいと思っていても、相手に隙がなければ有効打突を奪うことはできません。その隙を作り出すのが「攻め」です。相手に攻め勝って打つのが、剣道の理想でもあります。

剣道の攻めにおいて、一番オーソドックスなものが、中心をとるという攻め方です。面打ちにおいてはお互いに正しく構えた状態から、剣先で中心のとり合いをします。自分の剣先が中心をとることができれば、自然と相手の剣先は開くことになるので、その隙をすかさず打っていきます。

左足を強く蹴り出し、その推進力を利用して、右足を踏み込んで鋭く相手の面を打つように心がけましょう。

3～4 隙を見てすかさず竹刀を振り上げる

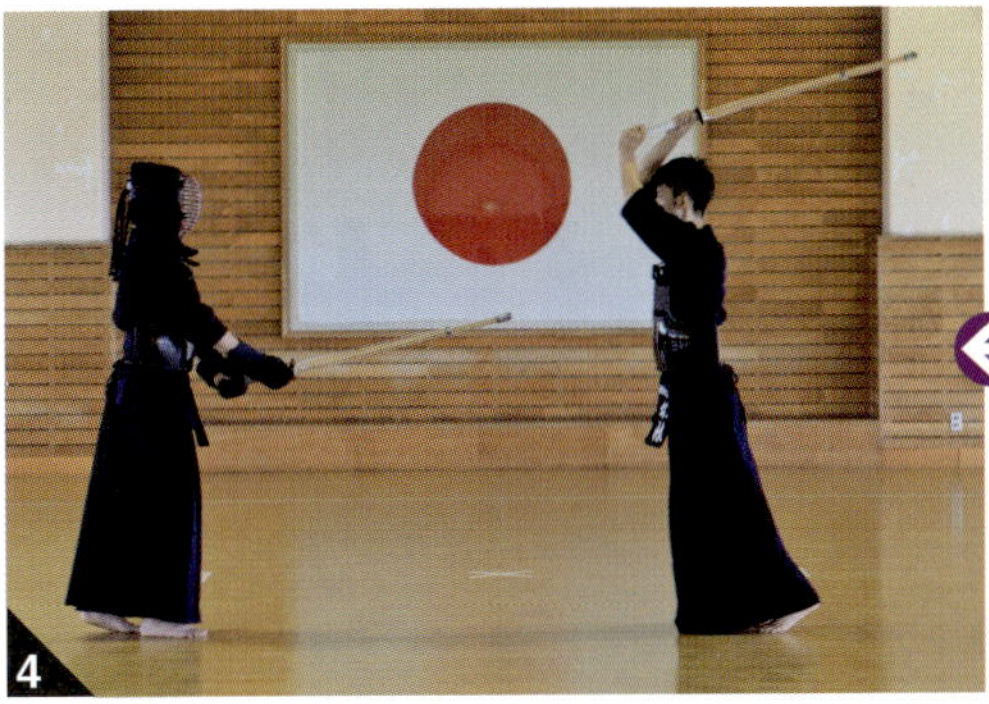


## NG 足裏を相手に見せない

打ち出しのときに自分の足裏が相手に見えていると言うことは、右膝が上がってしまっている証拠でもあります。すり足のイメージで足を出していくと良いでしょう。

7 相手の面を打つ

## POINT 膝を平行移動させるように打ち出す

面打ちのポイントは、身体の上下動を極力抑えることです。身体が上下に動くと、相手に技の打ち出しを教えてしまうことになります。構えた状態から膝を平行移動させるようにして打ち出すと、正しい姿勢のまま打突することができます。

一本打ちの技

# 攻めて小手

1～2 相手と中心をとり合う

5～6 手首のスナップを利かせて鋭く小手を打つ

## 中心をとり返してくるところに上から鋭く小手を打つ

攻めて小手は、面と同じように相手と中心をとり合うなかで、小手に隙を作り出して打つ技です。

小手打ちには大まかに二つのパターンがあります。自分の竹刀が相手の竹刀の上を通り越して打つものと、反対に相手の竹刀の下をくぐらせて打つものです。基本は剣先で中心をとり、相手がとり返そうと剣先をもどしてきた瞬間を狙って、竹刀を振り上げて相手の小手を打つかたちです。手首のスナップを利かせて、竹刀が床と平行になる程度まで振り切りましょう。

面打ちとの大きな違いは、踏み込む距離です。小手は面よりも近い位置にあるので、相手との距離を考えて踏み込みの深さを変えていきましょう。

3

❸～❹中心をとり返してきたところですかさず竹刀を振り上げる

4

7

❼～❽打突後も体勢をくずさない

8

## POINT 小手に隙を作り出す攻め方

小手打ちは、相手の手元を浮かせることで打突のチャンスが生まれます。剣先で中心をとり、相手がとり返してきた瞬間を見計らって竹刀を振り上げれば、相手の剣先は中心からはずれて小手に隙ができます。剣先を下げた攻めも、相手の手元が浮きやすくなります。

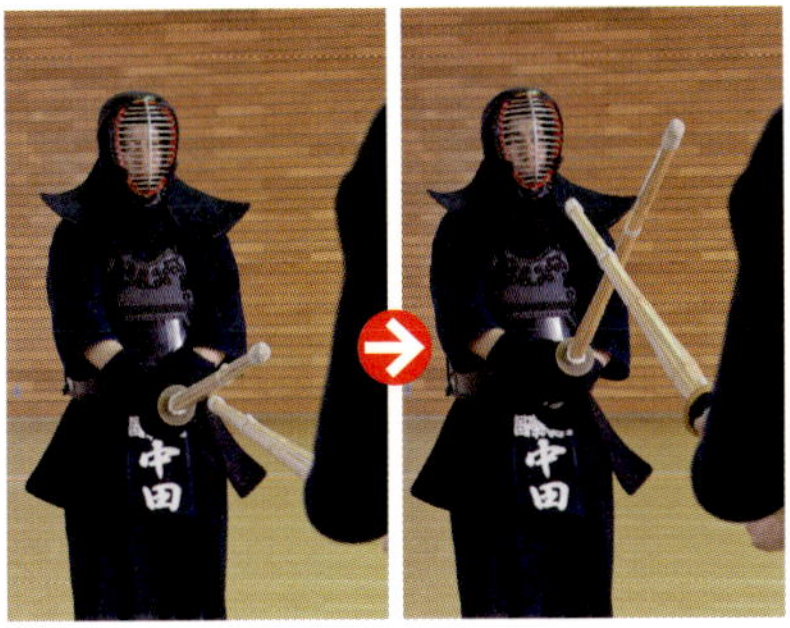

剣先を低くして下から攻める

中心をとり返してきた瞬間に竹刀を振り上げる

一本打ちの技

# 攻めて右胴

1相手と中心をとり合う

2～3中心をとりながら、強い気勢で攻め入る

6～7刃筋正しく相手の右胴を打つ

## 相手に面を警戒させ防ごうと手元が上がったところを打つ

お互いに構え合った状態から、機会を見て中心を攻めつつ間合に入っていきます。面を打ってくると感じた相手が手元を上げた瞬間を見逃さず、すかさず大きく踏み込んで相手の右胴を打っていきます。

胴打ちの攻めで一番のポイントは、どうやって相手の手元を上げさせ、胴に隙を作り出すかです。中心を攻められると、相手はまず面を警戒します。さらに強い気勢で面を打つようにして攻め入ることで、相手は面を防ごうと手元を上げ、そこに打突の好機が生まれます。

打つときは、左こぶしを正中線からはずさず、刃筋を意識し、打突部位から目線を離さないことが大切です。腰を入れて姿勢正しく打ちましょう。

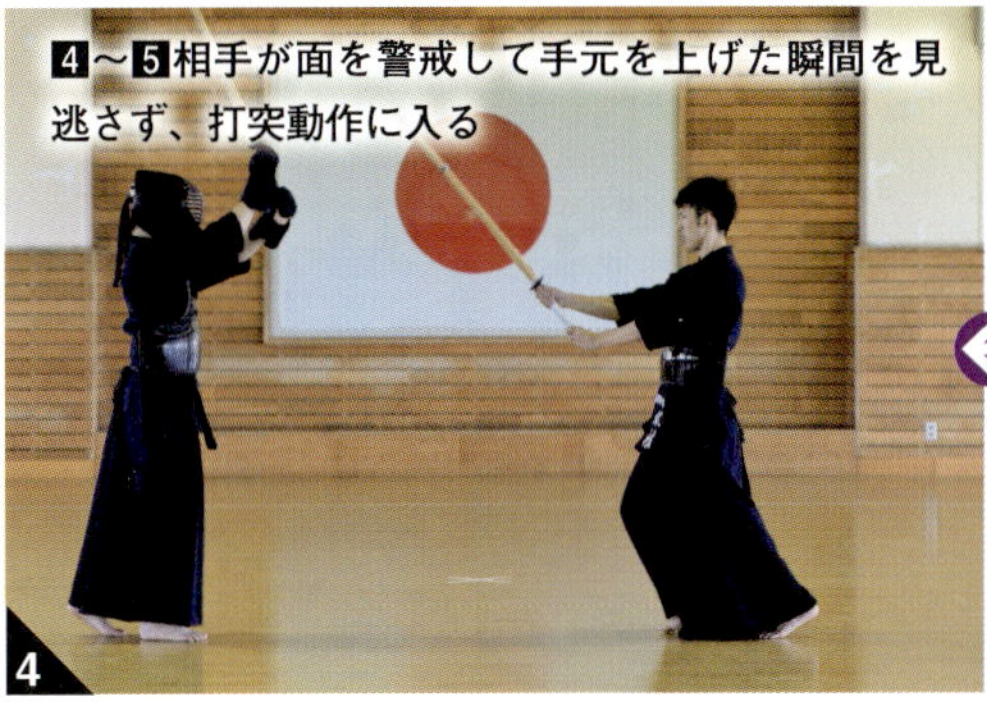


4～5相手が面を警戒して手元を上げた瞬間を見逃さず、打突動作に入る

## NG 打突時に剣先が下がらないように

胴打ちでもっとも大事なのは刃筋です。刃筋の通っていない打突は有効打突と認められません。下から上に切り上げるような動作にならないよう注意しましょう。

## POINT 左手を右手に寄せる

右胴を打って相手の左側に身体をさばく際には、竹刀を振り上げて手を返すときに左手を右手に寄せることで、素早く胴を打つことができます。

# 攻めて左胴

4相手が面を警戒して手元を上げた瞬間に、すかさず竹刀を頭上にふりかぶる

7正しい刃筋で相手の左胴を打つ

## 攻めの方法は右胴と同じ 打突後は下がりながら残心をとる

胴打ちの基本は右胴打ちですが、左胴も有効打突として認められています。左胴を打つ場合は、相手の動きと機会を良く見極める必要があります。

攻め方は右胴を打つ場合と同じように、面を打つようにして中心を攻め、相手の手元を上げさせます。相手の手元が上がったらすかさず振りかぶり、頭上で手を返して相手の左胴を打ちます。右胴は打突後にそのまま相手の横を抜けていきますが、左胴はその場で下がって残心をとります。

左胴を打つ機会として多いのは、相手が手元を上げて面、小手、右胴を一度に防ぐような姿勢をとっているときです。左胴を打つことで、相手はこのような防御姿勢がとりづらくなります。

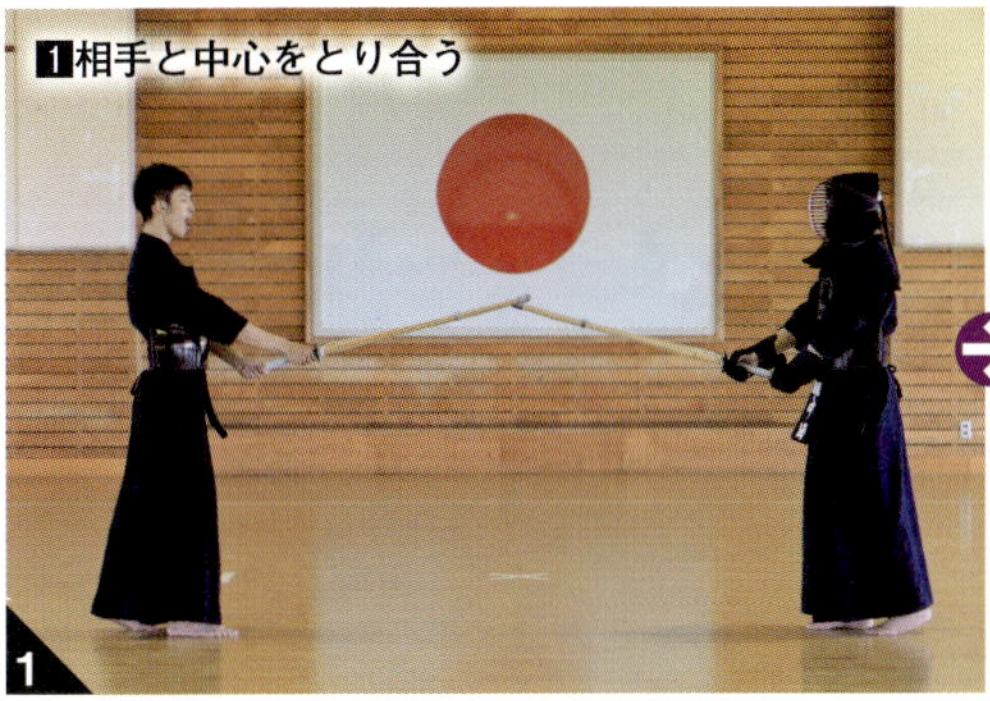
1相手と中心をとり合う

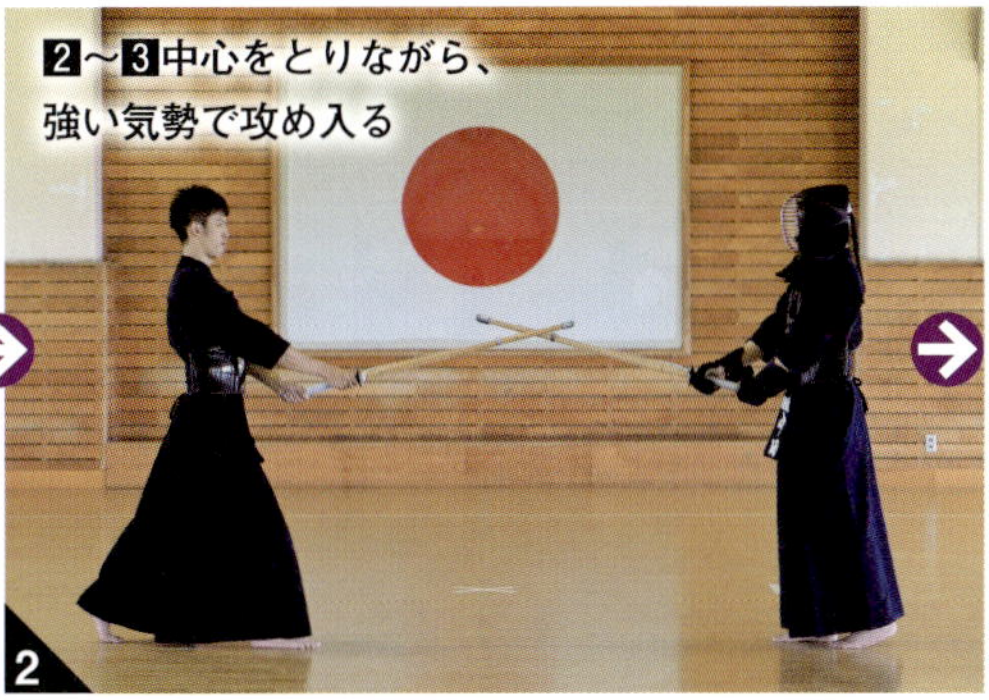
2〜3中心をとりながら、強い気勢で攻め入る

5〜6頭上で手を返し、相手の左胴をめがけて竹刀を振り下ろしていく

POINT

## 下がりながら残心をとる

左胴打ちは下がりながら残心をとります。打突後は相手から剣先と目線をはずさないように気をつけながら、下がりつつ距離をとって残心を示します。

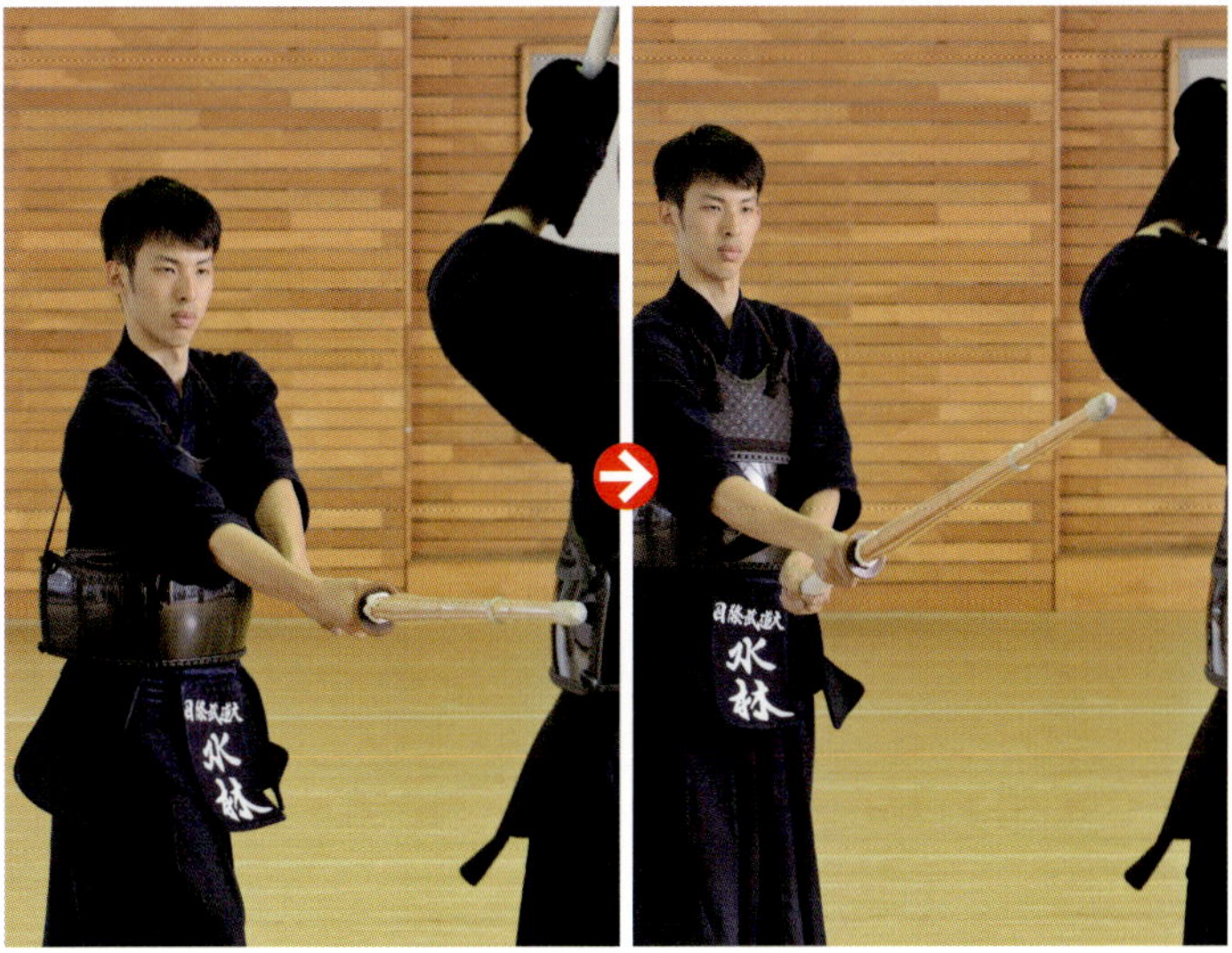

一本打ちの技

# 攻めて諸手突き

1相手と中心をとり合う

2〜3中心をとりながら、強い気勢で攻め入る

6手を伸ばして強く相手の喉を突く

## 中心をとりながら相手の竹刀に自分の竹刀を乗せていく

他の技と同じように、中段の構えで中心をとり合い、機会を見て間合に攻め入ります。相手が剣先を下げた瞬間に、諸手で相手の喉を突いていきます。

諸手突きを成功させるポイントは、中心の攻めです。面打ちと同じように中心をとりながら攻めに入りますが、相手もとり返そうとしてきます。そこで、攻めのイメージとして持っておきたいのが、相手の竹刀に自分の竹刀を乗せるような攻めです。こうすることで、中心をとりながらスムーズに相手を突くことができます。

構えた状態から手元を変えず、最短距離を通って剣先を相手の喉まで運びましょう。打突後はすぐさま手元を引いて、中段の構えにもどります。

4～5相手が剣先を下げた瞬間に突いていく

7～8すぐさま手元を引いて、中段の構えにもどる

## NG 突いたあとはあまり押しこまない

突いたあとはすぐさま手元を引いて中段の構えにもどり、残心をとります。押しこむような突きは危険なのでやめましょう。

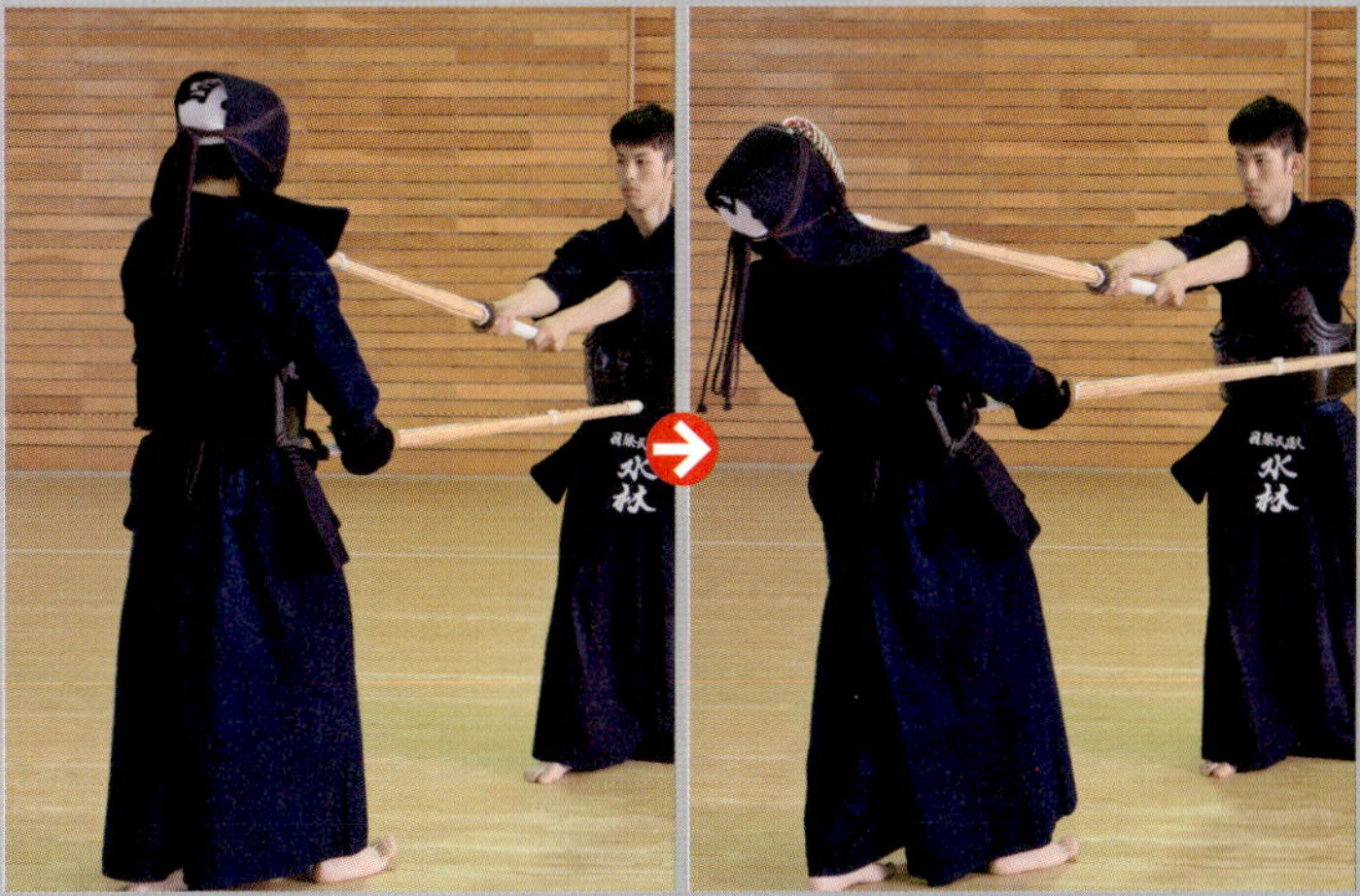

連続技

# 小手から面

1～3攻め合いのなかから
打ち間まで入る
2
1

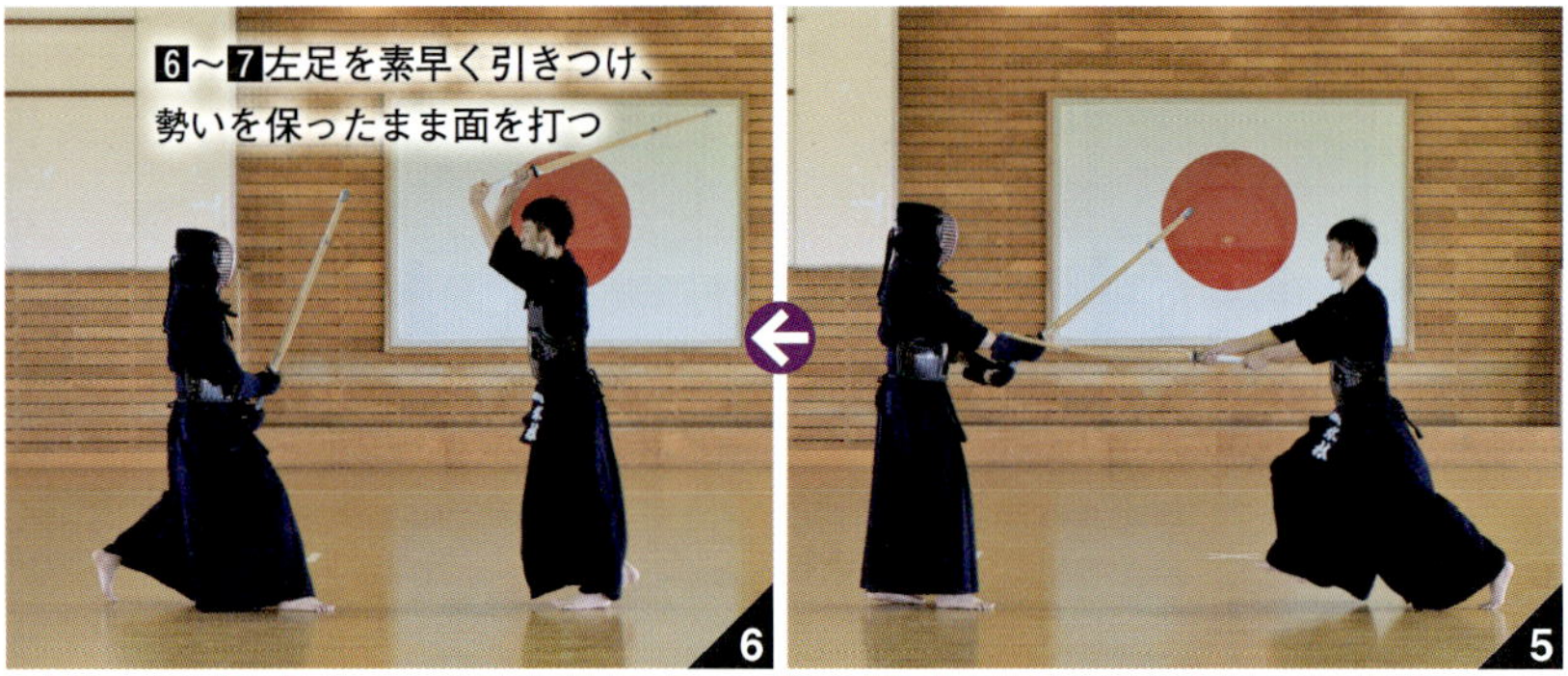
6～7左足を素早く引きつけ、
勢いを保ったまま面を打つ
6
5

## 一つひとつの技を一本にする気持ちで打つ

剣道における連続技とは、一つの部位を打ち、その打突によって生じた相手の隙を、続けざまに打突することを言います。一本目の技は二本目を打つためのものではなく、それぞれの技を一本にする気持ちで行なうことが大切です。

小手から面の連続技は、数ある連続技のなかでももっとも一般的なものです。攻め合いのなかから相手の隙を見て小手を打ち、相手が剣先を下げたり開いたりした瞬間に、小手を打った勢いのまま面を打っていきます。

小手を打ったあとは剣先を緩めず、左足を素早く引きつけて体勢を整え、間を置くことなく面へと移りましょう。

4～5相手の隙を見て小手を打つ

## POINT 体勢をくずさずに面を打つ

連続技のポイントは、体勢をくずさずに二本目の打突へと移行することです。そのためには、小手を打ったのちにすぐさま左足を引きつけ、身体が前傾するのを抑えて面技へと移ります。

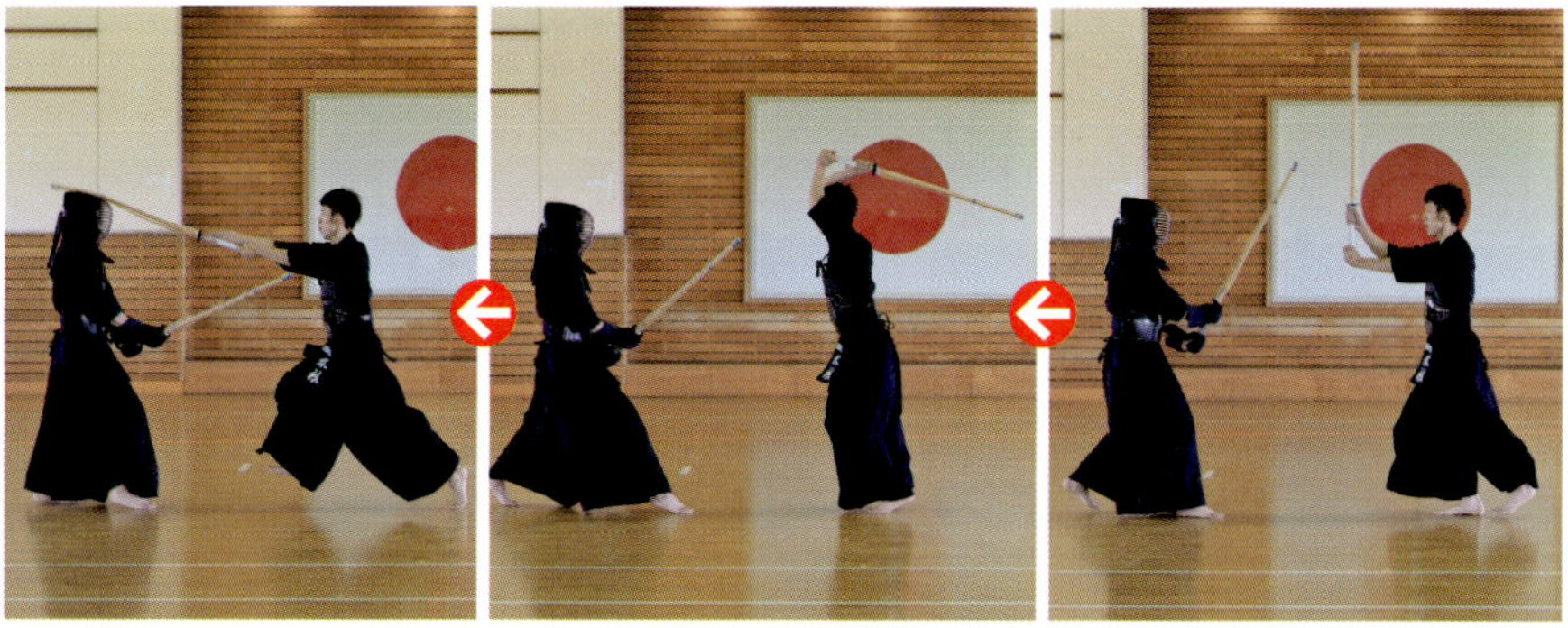

連続技

# 小手から胴

1～3攻め合いのなかから打ち間まで入る

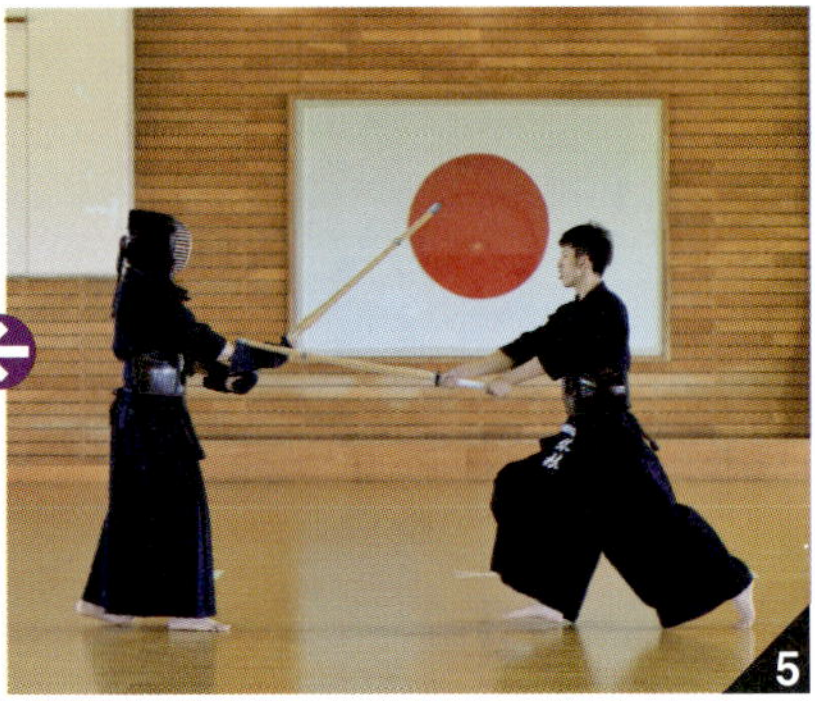

6相手が面を防ごうと手元を上げた瞬間に、すかさず身体を右にさばく

## 一本にするつもりで小手を打ち 素早く身体を右にさばく

小手から胴の連続技は、小手打ちが不十分だった場合に身体を右にさばきながら胴を打つ技です。小手から面の連続技と同じように、小手も胴も一本にする気持ちで打突することが大事です。

技におけるポイントは小手から面の連続技とほとんど同じですが、注意しておきたい点として、小手を注視しないということが挙げられます。剣道には「遠山の目付」という教えがありますが、どこか一点を注視するのではなく身体全体を見るように心がけると、相手の細かい動きがよくわかるようになります。

小手から胴への変化は相手との間が詰まりやすいので、素早く身体を右にさばくことを心がけましょう。

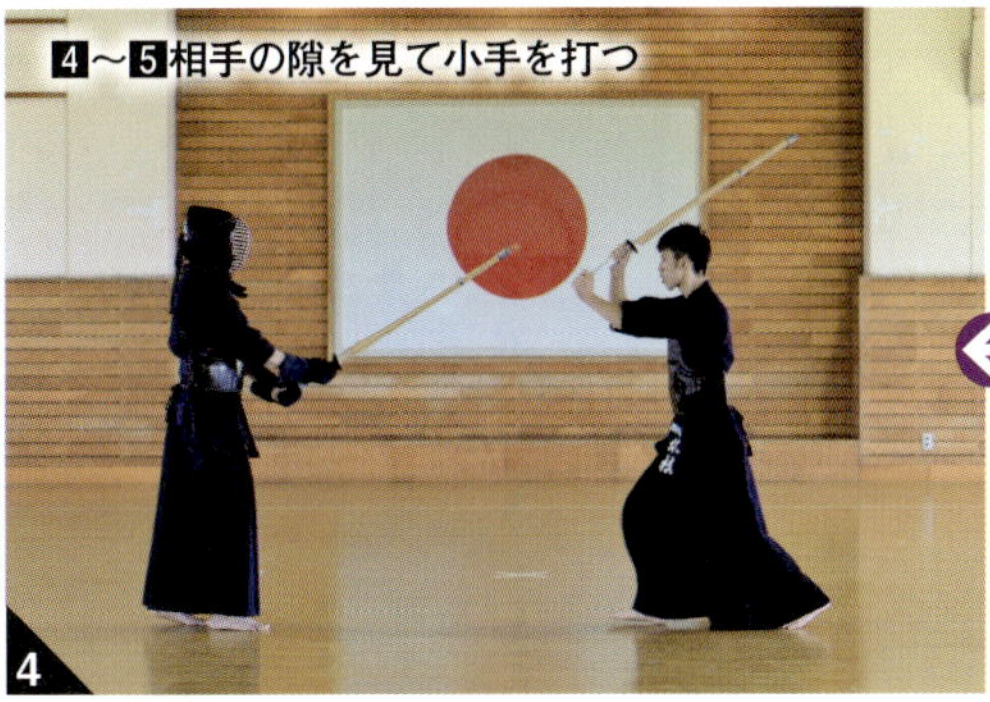


4～5相手の隙を見て小手を打つ

7～8体勢をくずさずに胴を打つ

## POINT 身体を右にさばいて物打ちでとらえる

小手から胴の連続技は、小手から面にくらべて相手との間合が詰まりやすくなります。まっすぐに打ち出すと胴をとらえることはできないので、小手を打ったあとはわずかに身体を右にさばき、相手と自分との距離を適度にとって、物打ちで部位をとらえるようにしましょう。

連続技

# 突きから面

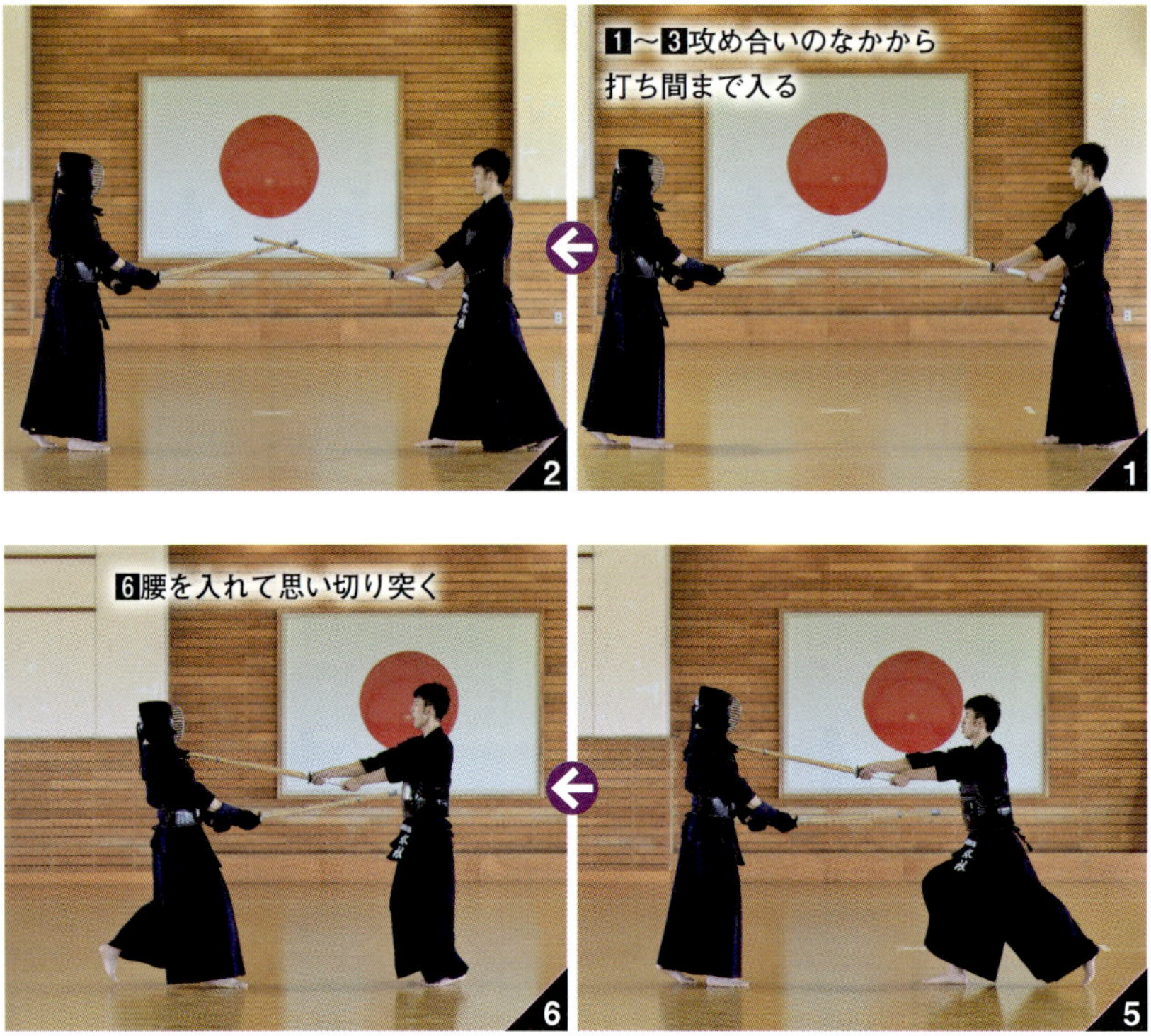

1～3攻め合いのなかから打ち間まで入る
1
2
6腰を入れて思い切り突く
5
6


## 思い切りよく突き相手が後退したところに面を打つ

突きから面の連続技は、攻め合いのなかから機を見て相手を突き、突きの勢いに押されて後退するところに面を打つ技です。思い切りよく突き、相手を後退させることがポイントになります。

突きからの連続技は、相手の構えが開いたところに繰り出すと効果的です。相手の特徴や癖を知り、打突の好機を見極めて技を出していきましょう。

他の連続技にも言えることですが、連続技は動作が二段にならないことが重要です。突きと面はそれぞれが一本になるように打突しますが、二つの技が一連の動作に見えるように、素早く身体を運ぶことが大切です。

3

4

4～5相手の構えが開いたところを突いていく

7

7～8相手が体勢をくずして後退したところに面を打つ

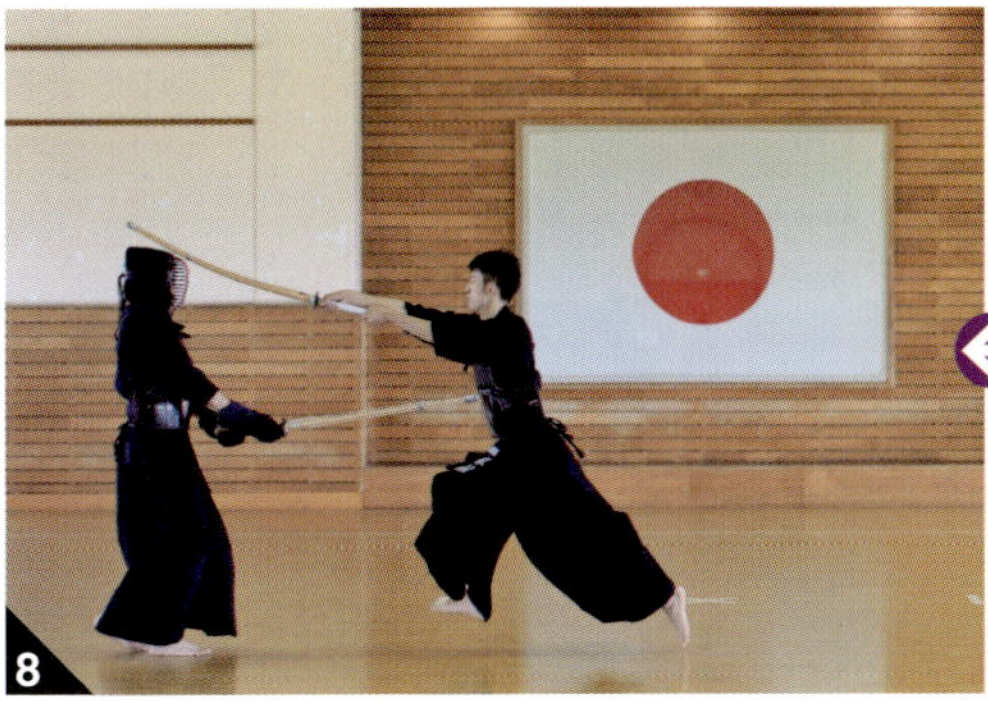
8

## POINT 腰から突いていく

連続技で大事になるのは、一本目の技で体勢をくずさないことです。とくに突き技は、手先だけを伸ばすような打突になりやすいので、腰から正しい姿勢で突いていくことを意識しましょう。

連続技

# 三段の技

小手→面→胴

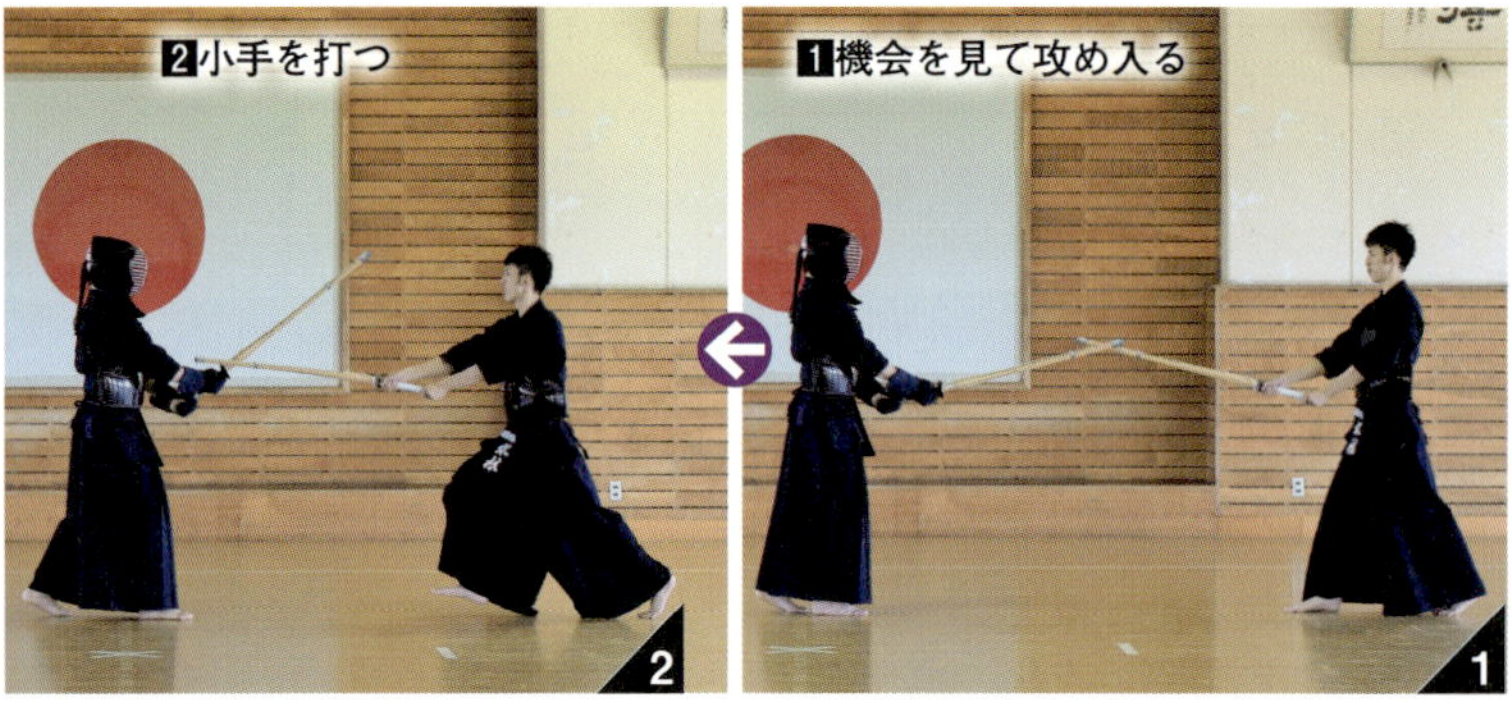


小手→面→面

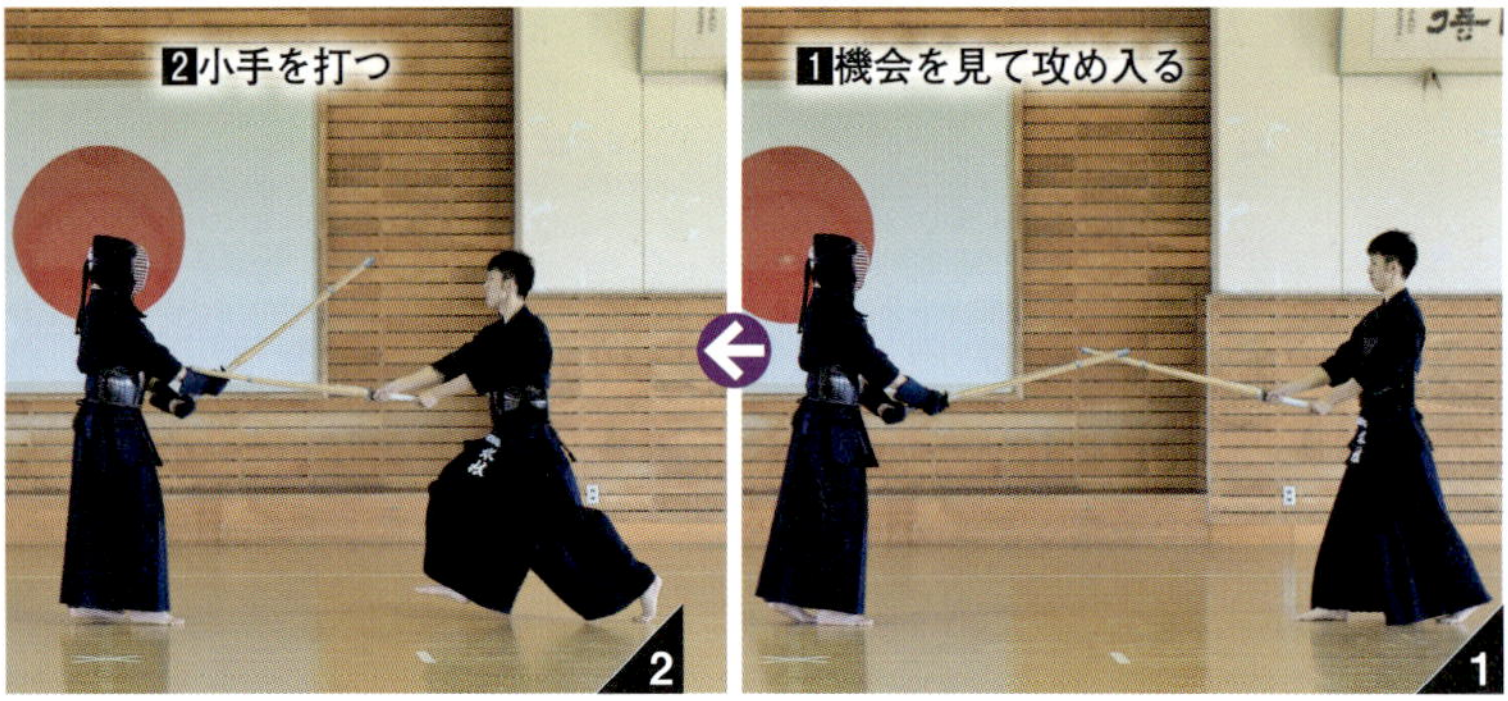


## 一つひとつの技で体勢をくずさず正しい姿勢で三つの技を打ち切る

三段の技は、二段の技の発展系です。試合では三つの技を連続して出すことはなかなかありませんが、「小手→面→胴」や「小手→面→面」、「突き→面→面」など、いくつかの種類を稽古で行なっておくことにより、試合における激しい動きなかでも、体勢をくずすことなく打突ができるようになります。

三段の技を学ぶ上でのポイントは、二段の技における要点をさらに深く意識することです。一つひとつの技で体勢がくずれていては、次の技に移行することができません。それぞれ気剣体の一致した正しい打突を心がけることが、動きに無理や無駄のない三段の技につながります。

3 後退する相手に面を打つ

4 面と同じように振りかぶり、相手が手元を上げたところに胴を打つ

3 後退する相手に面を打つ

4 さらに後退する相手を追い詰めて面を打つ

## POINT 数多くのバリエーションを稽古しておく

三段の技には数多くのバリエーションが存在します。多くの種類を稽古しておくことで、相手の動きに対して的確な対応ができるようになります。

### 三段の技の組み合わせ例

- 小手→面→胴（面）
- 小手→面→体当たり引き胴
- 面→面→胴
- 面→体当たり→引き面
- 突き→面→胴
- 突き→面→面

# 払い面（表）

## 剣先が弧を描くように竹刀を払いながら振りかぶる

払い技は、相手の竹刀の表（左側）や裏（右側）を払うことで隙を作り出して打つ技です。

表から払って面は、攻めてこようとする相手の竹刀の表を左上に払い上げ、構えがくずれた瞬間に鋭く攻め入って面を打ちます。

払い技のポイントは、円の弧を描くように剣先を動かすことです。「払い」という言葉から、剣先を横に動かして相手の竹刀を叩いてしまいがちですが、それでは払いと打突が二段階になってしまいます。払いと打突を一連の動作で行なうためには、払いながら竹刀を振りかぶる必要があります。

相手の竹刀を払い上げたあとは素早く打ち間に入り、動きを止めることなく面を打っていきましょう。

**POINT**

剣先が弧を描くように相手の竹刀の表を払い上げる。払いと打突を一連の動作で行なう

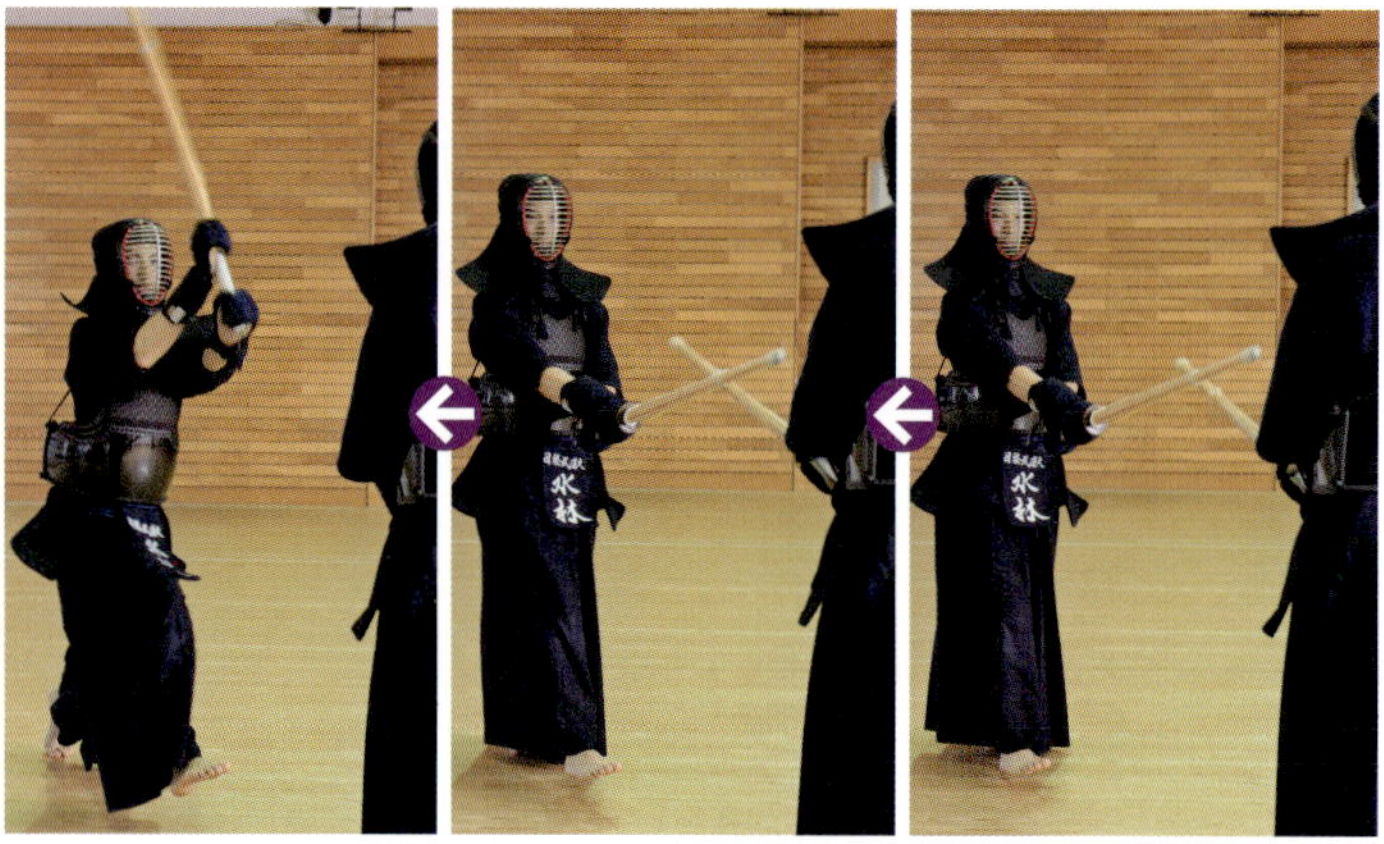

1

2

3

4

5

**1**お互い中段に構えた状態で攻め合う
**2**～**3**攻めに対して相手が前に出てくる瞬間を見計らい、相手の竹刀の表を左上に払い上げる
**4**～**5**竹刀を払い上げられた相手は体勢をくずすので、すかさず振りかぶって面を打つ

払い技

# 払い面（裏）

## 裏から竹刀の中程を強く払い上げてくずす

裏から払って面は、機会を見て竹刀を表から裏に回し、相手の竹刀の裏を右上に払い上げて面を打つ技です。

裏からの払いのポイントは、表の払いと同じく相手が前に出ようとしてきた瞬間を払うこと、そして、相手の竹刀の中程をしっかりと払い上げることです。手首のスナップを利かせて、強く相手の竹刀を払い上げることを心がけましょう。

裏からの払いによって相手が体勢をくずしたあとは、すかさず打ち間に入って面を打っていきます。表の払いも裏の払いも剣先が円の弧を描くようにして振りかぶり、払いと打突が二段階の動きにならないように注意しましょう。

**POINT**

機を見て素早く竹刀を表から裏に回し、剣先が円の弧を描くように動かしながら相手の竹刀を右上に払い上げる

1 お互い中段に構えた状態で攻め合う
2～3 相手が前に出てくる瞬間を見計らい、すかさず竹刀を表から裏に回して、相手の竹刀を右上に払い上げる
4～5 竹刀を払い上げられた相手は態勢をくずすので、その隙に振りかぶって面を打つ

払い技

# 払い落とし面

## 身体全体を使うイメージで相手の竹刀を強く払い落とす

払い技には、相手の竹刀を払い上げるものと払い落とすものがあります。剣先を低くして構える相手には、払い落としがとても有効です。

相手の竹刀を払い落として面を打つ場合は、払い上げと同じように相手が前に出てくる瞬間を見計らって、表から竹刀を払い落とします。竹刀を払い落とすことによって相手の面が空くので、その隙を逃さず面を打っていきます。

払い技は相手の竹刀を強く払い、剣先を大きくはずす必要があります。払う動作は手先だけで行なうのではなく、攻めながら身体全体を使って払うイメージを持ちましょう。

**POINT**

剣先の低い相手に対しては、払い落としがとても有効になる。手首のスナップを使って、力強く相手の竹刀を払い落とす

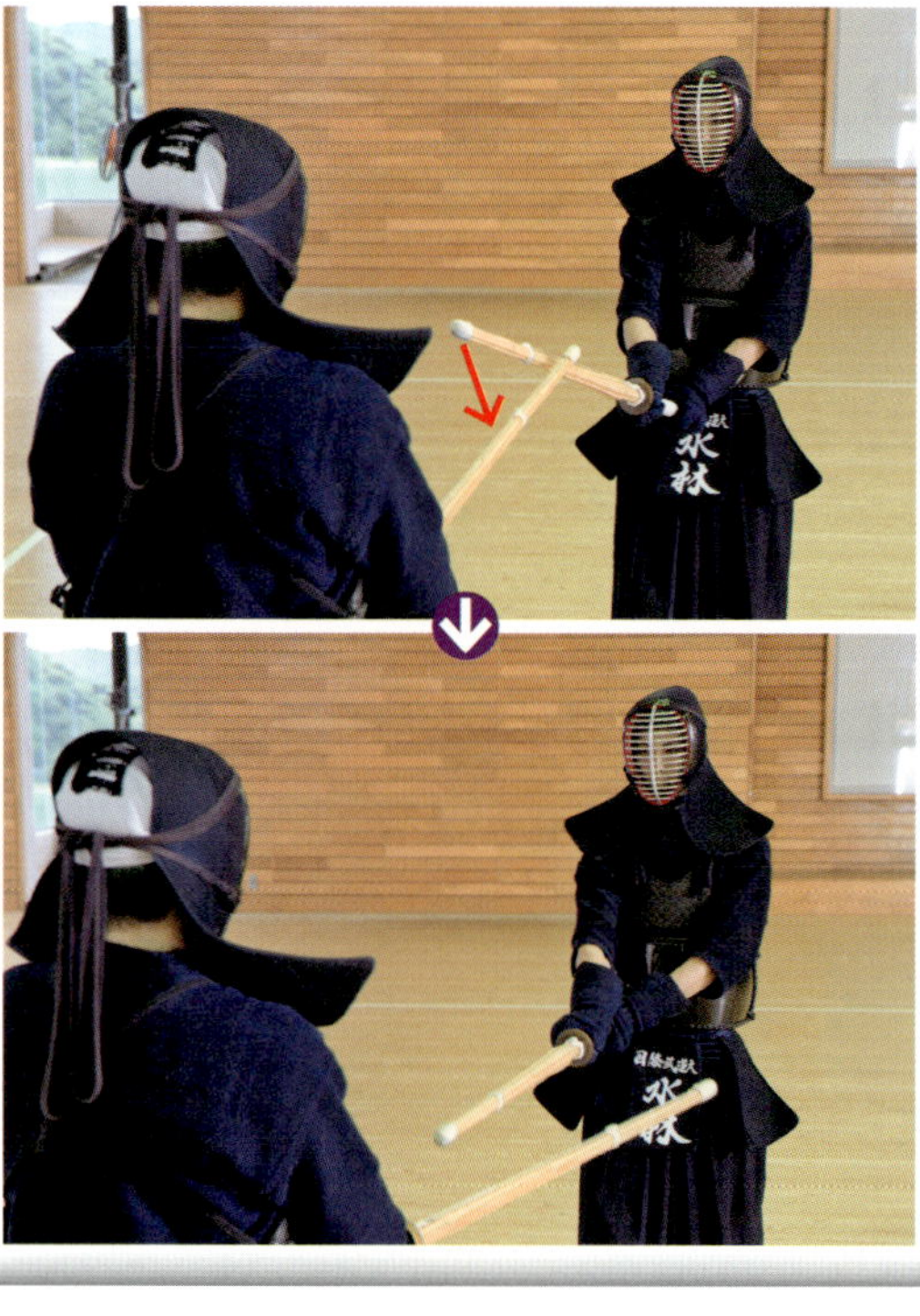

1

2

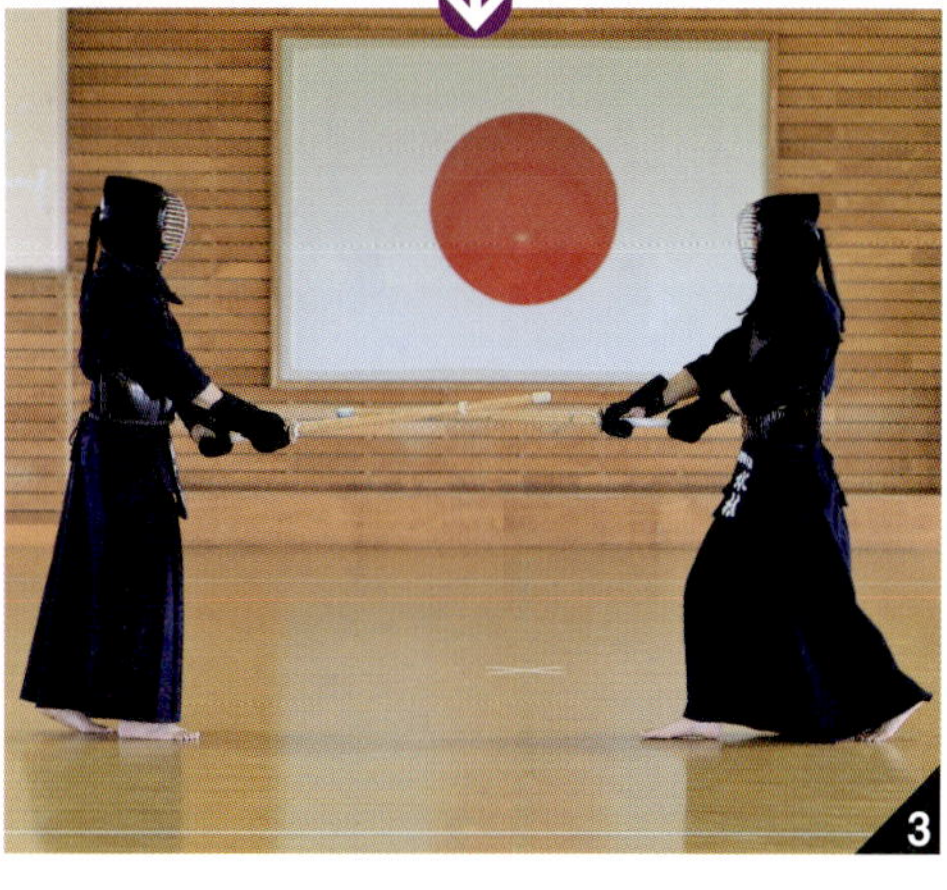
3

4

5

1～3中段に構えた状態で攻め合い、相手が剣先を低くして前に出ようとした瞬間を見計らって、相手の竹刀を表から斜め下に払い落とす
4～5払い落としによって面に隙ができるので、その隙を見逃さずにすかさず面を打つ

払い技

# 払い小手

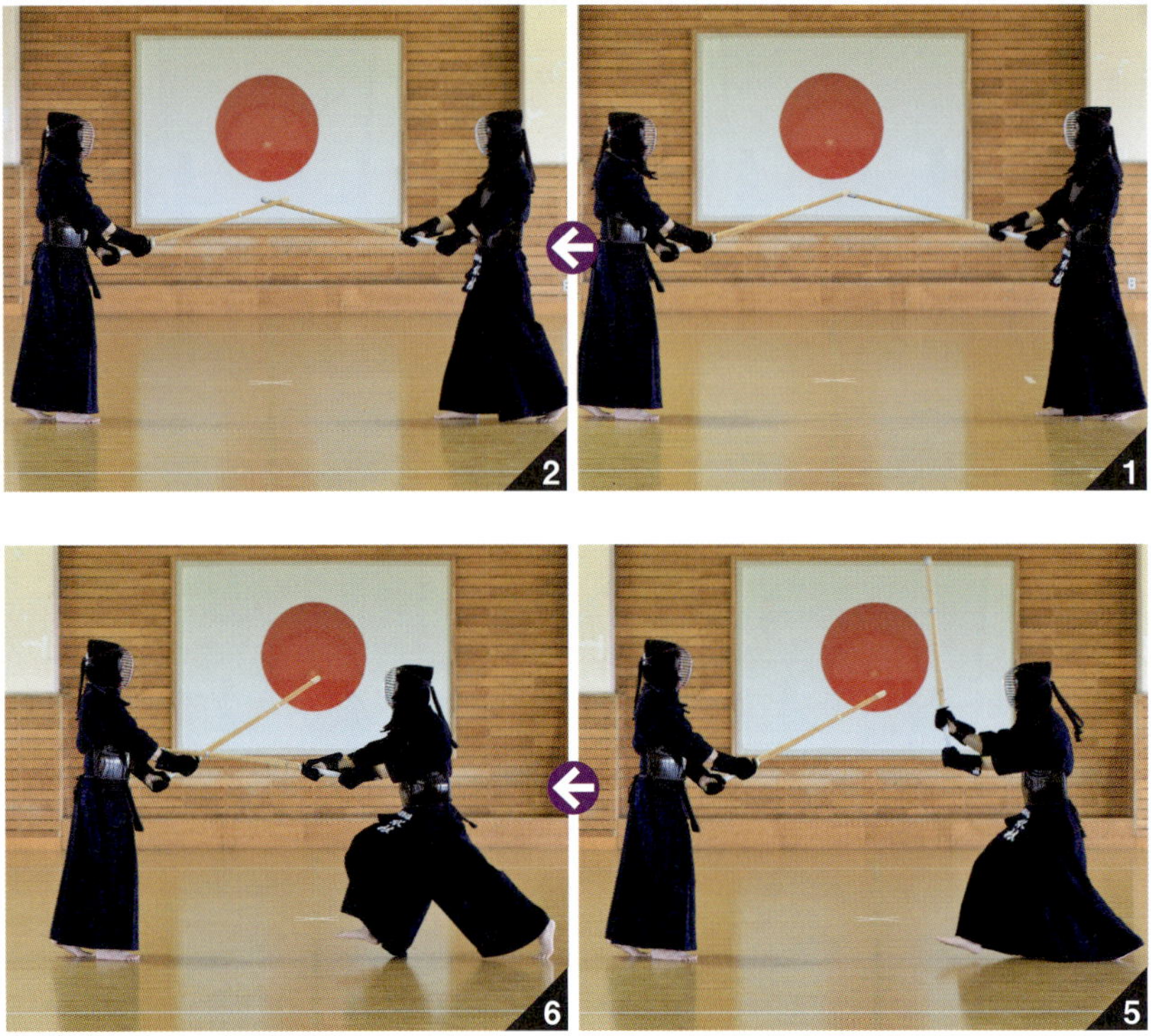


## 小さな弧を描くように払い上げ手首のスナップを利かせて小手を打つ

払い小手は、相手の竹刀を右上に払い上げ、すかさず小手を打つ技です。

払い方の要領は面技と同様ですが、面にくらべて手先で払いがちなので、しっかりと腰を入れて払うことを心がけると良いと思います。小手からの連続技と同じように、小手だけを注視することなく、相手の目を見て技を出していきましょう。

払い小手は、払い面のように大きく相手の竹刀を払ってしまうと、小手を打つまでに相手も体勢を立て直してしまいます。払いは面よりも小さな円の弧を描くイメージで行ない、払ったあとは一連の動作で竹刀を振り上げて、手首のスナップを利かせて小手を打ちます。

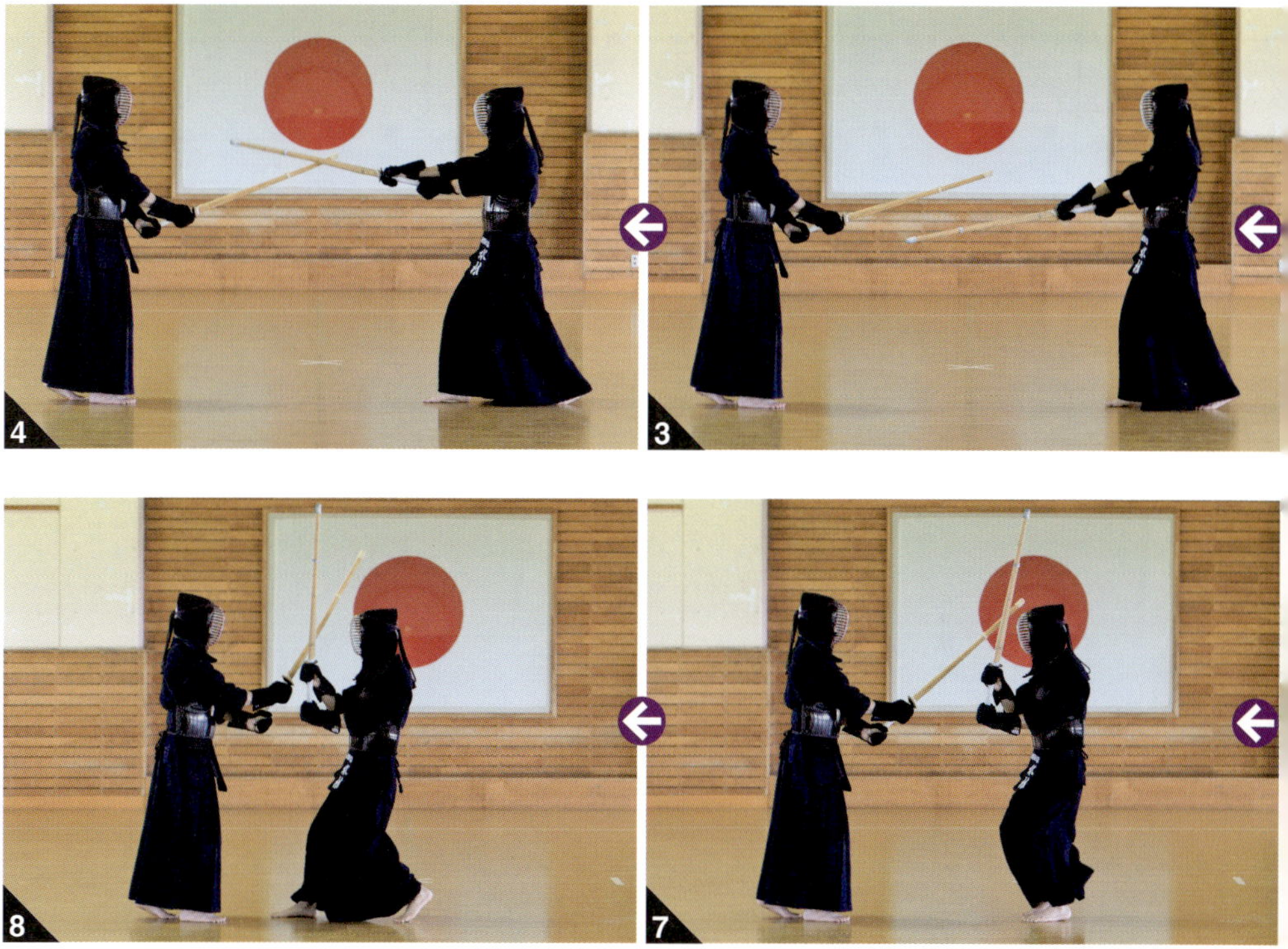


1〜4攻め合いのなかから機会を見て竹刀を裏に回し、小さな円の弧を描くようにして相手の竹刀を右斜め上に払い上げる　5〜8相手の構えがくずれた瞬間を見計らい、手首を左に返して鋭く小手を打つ

## POINT 竹刀は大きく振り上げない

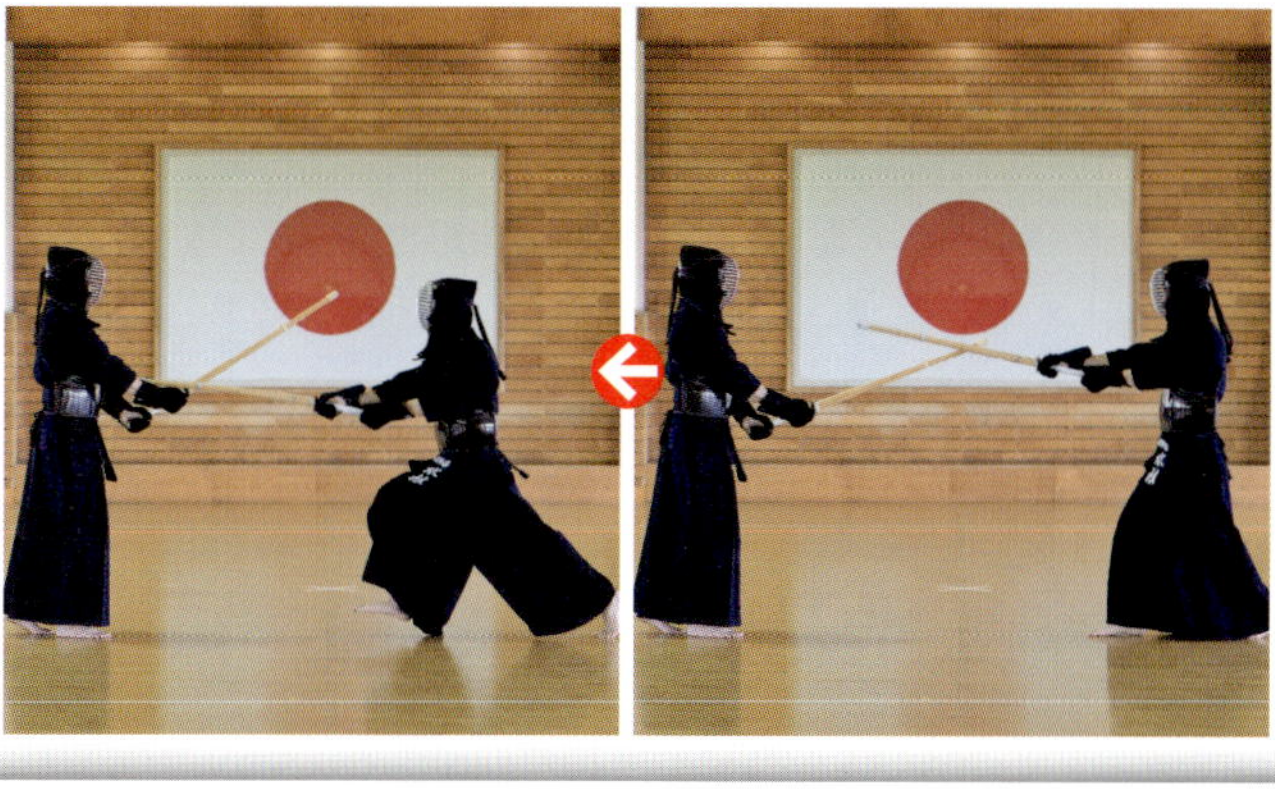

払い小手は、小さな円の弧を描くようにして相手の竹刀を右斜め上に払い上げます。払い面のように大きく竹刀を振りかぶると相手も体勢を立て直してしまうので、手首のスナップを十分に利かせて、小さく鋭く小手を打ちましょう。

払い技

# 払い胴

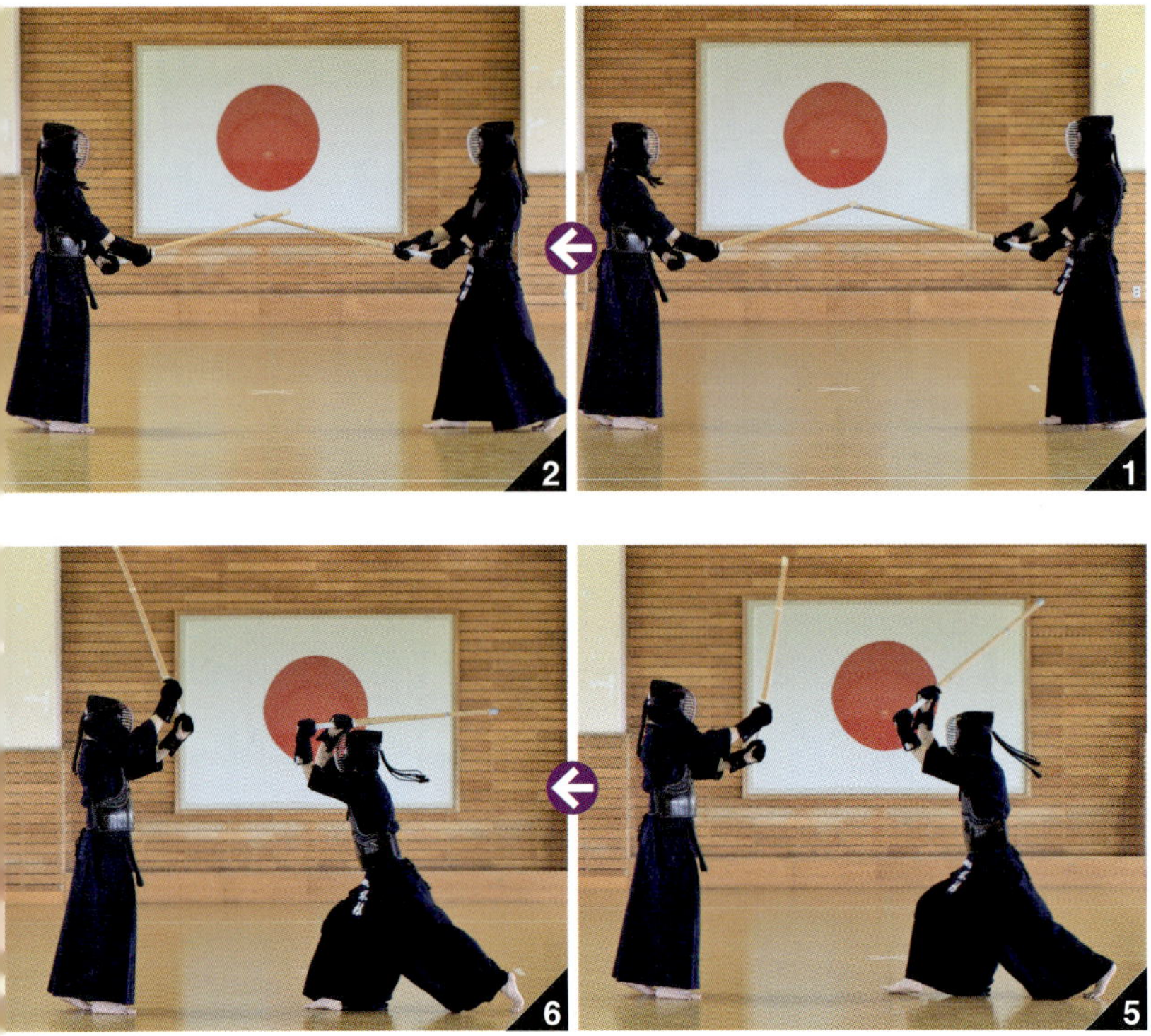


## 手元が上がりやすい相手に対し竹刀を大きく払い上げて胴を打つ

払い胴は、相手の竹刀を大きく右上に払い上げて構えをくずし、体勢を立て直す前に右胴を打つ技です。

ポイントとして心に留めておきたいのは、こちらの攻めに対して手元が上がりやすい相手に有効な技だということです。攻めながら剣先を裏に回し、大きく右上に竹刀を払い上げることで、相手は面を防ごうと手元を上げます。その瞬間を逃さず、すかさず手を返して右胴を打っていきます。

払いの動作は竹刀の中程を強く払い上げ、しかけていく気持ちで身体を前に出します。このときは左足をしっかりと引きつけ、腰が残った打突にならないよう注意して、打突後は相手との距離によって、身体をさばく方向を変えていくようにしましょう。

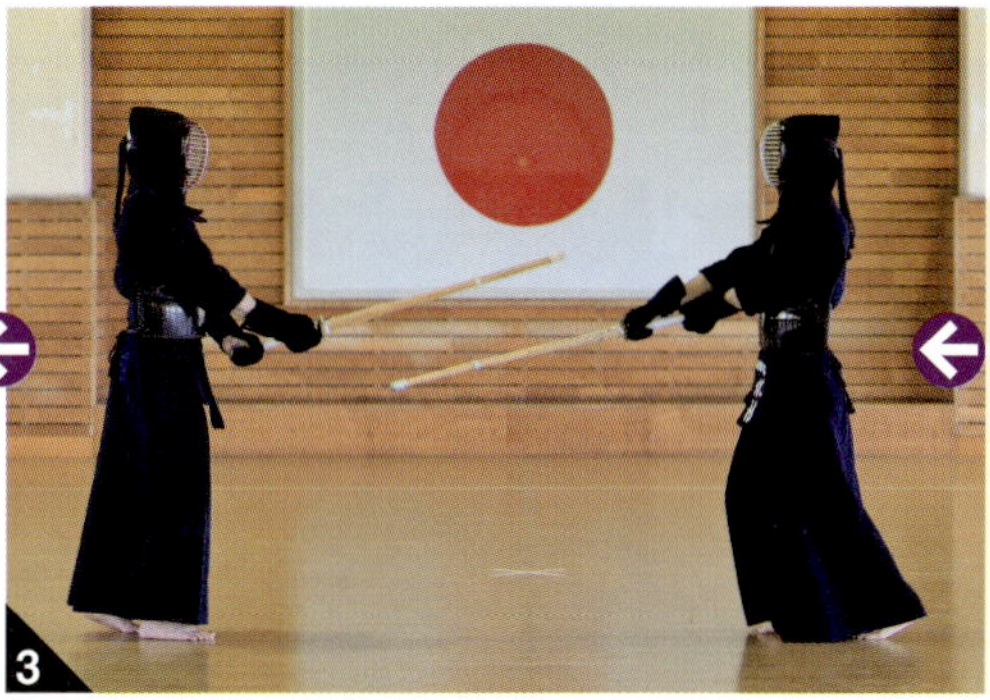


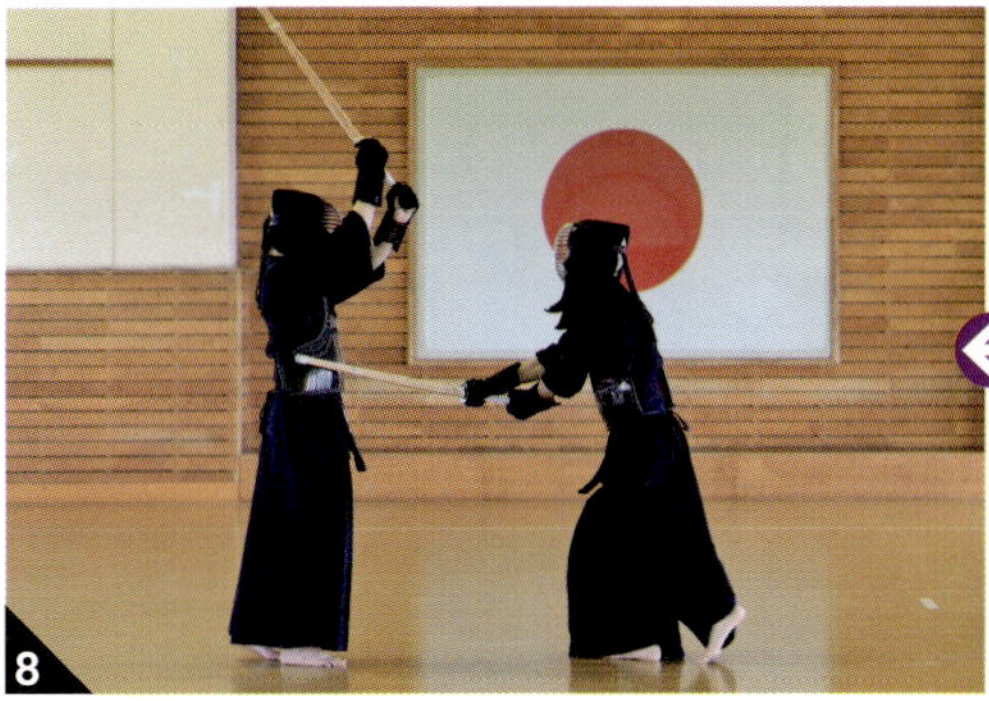


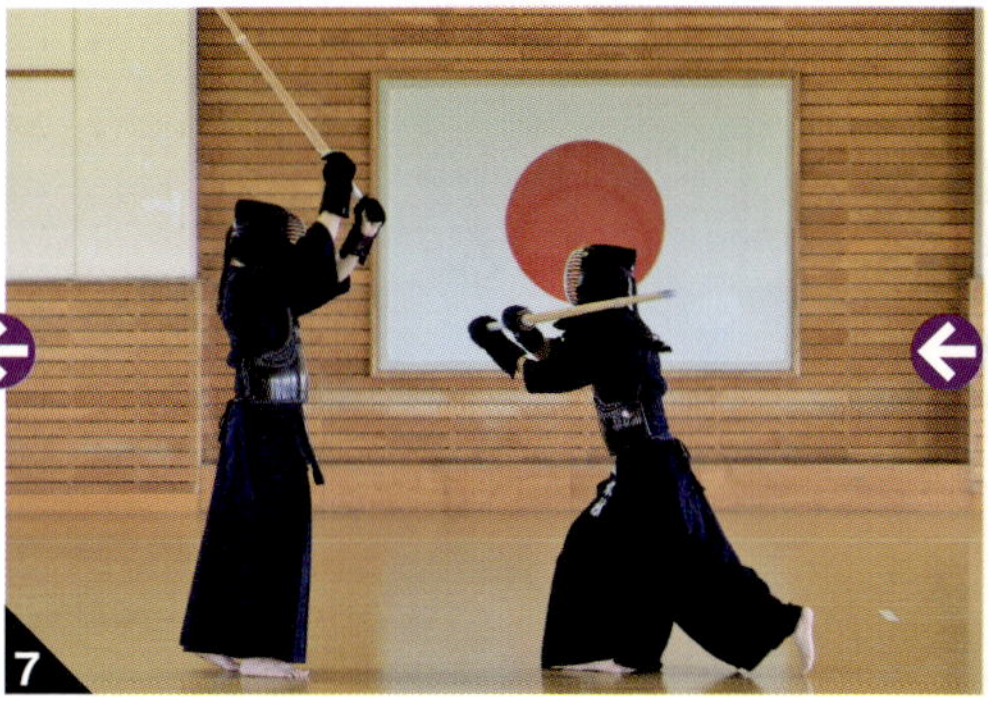


1～4攻め合いのなかから機会を見て竹刀を裏に回し、相手の竹刀を大きく右上に払い上げる
5～8相手が面を意識して手元を上げた瞬間を見計らい、手を返してすかさず右胴を打つ

## POINT 面を打つような気持ちで打ち間に入る

はじめから胴を打とうと身体が横に逃げていては、相手も手元を上げてはくれません。面を打つ気持ちで払いながら打ち間に入ることで、相手は面を防御しようと手元を上げます。

# 払い突き

## 表から払って突く

1～2攻め合いのなかで機会を見出し、相手の竹刀を表から払い落とす

## 裏から払って突く

1～2攻め合いのなかで機会を見出し、竹刀を裏に回して相手の竹刀を右に払う

## 剣先を大きくはずすことなく最短距離で突いていく

払い突きには、表からの突きと裏からの突きがあります。表からの払いは相手の竹刀を左に、裏からの払いは相手の竹刀を右に払うことで隙を作り出し、すかさず攻め入って諸手で突いていきます。

払い突きで重要になるのは、剣先を大きく中心からはずさないことです。表からの払いは相手の竹刀を払い落とすようにしながら攻め入り、最短距離で喉元を突きます。裏からの払いも機会を見て竹刀を裏に回し、右に払いながらそのままの動作で突いていきます。

相手をくずしながら正確に突くには、左こぶしの位置が重要です。表から払うときも裏から払うときも、左こぶしは中心からはずさないように心がけましょう。

4

3～4体勢がくずれたところに
すかさず攻め入って相手の喉元を突く
3

4

3～4体勢がくずれたところに
すかさず攻め入って相手の喉元を突く
3

POINT

## 一連の動作で払って突く

払い技全般に言えますが、払いと技は一連の動作で行なわなければいけません。とくに突き技は剣先を中心から大きくはずすことなく、相手の竹刀を払ったらそのまま最短距離で突くことを心がけましょう。

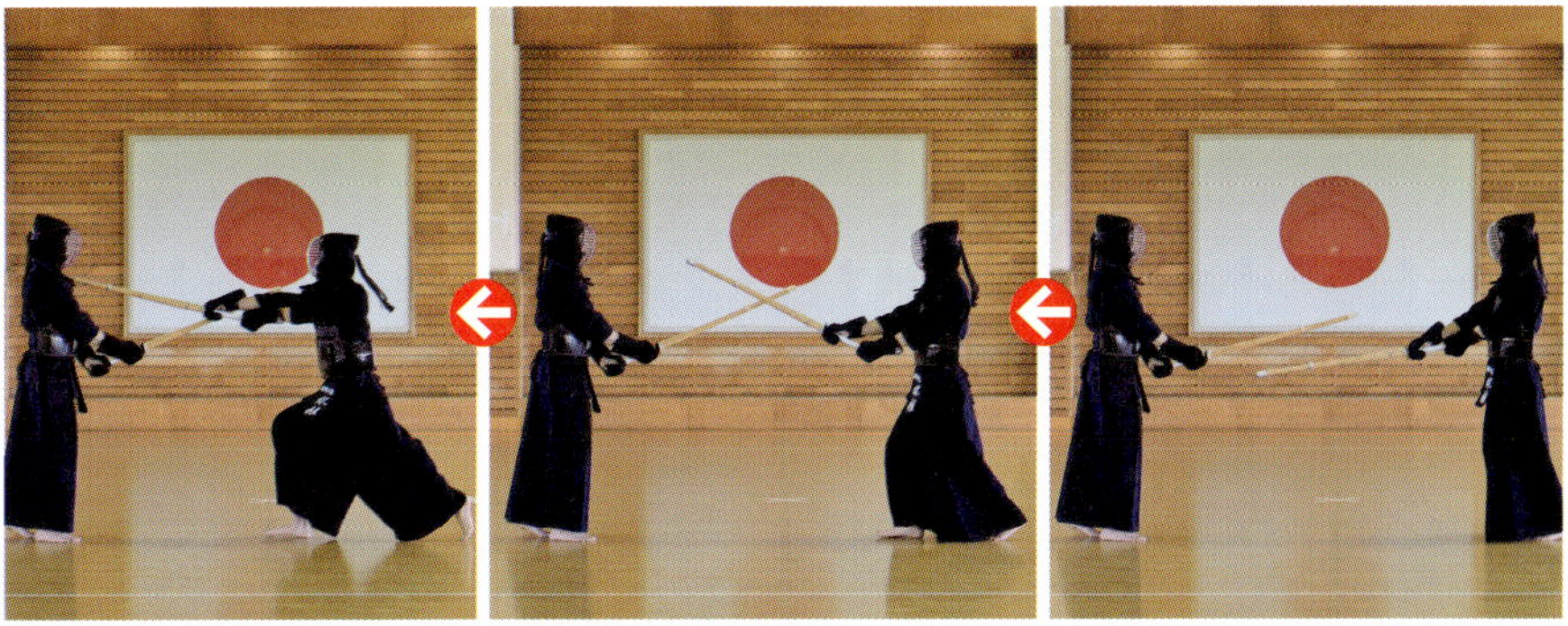

# 出ばな面

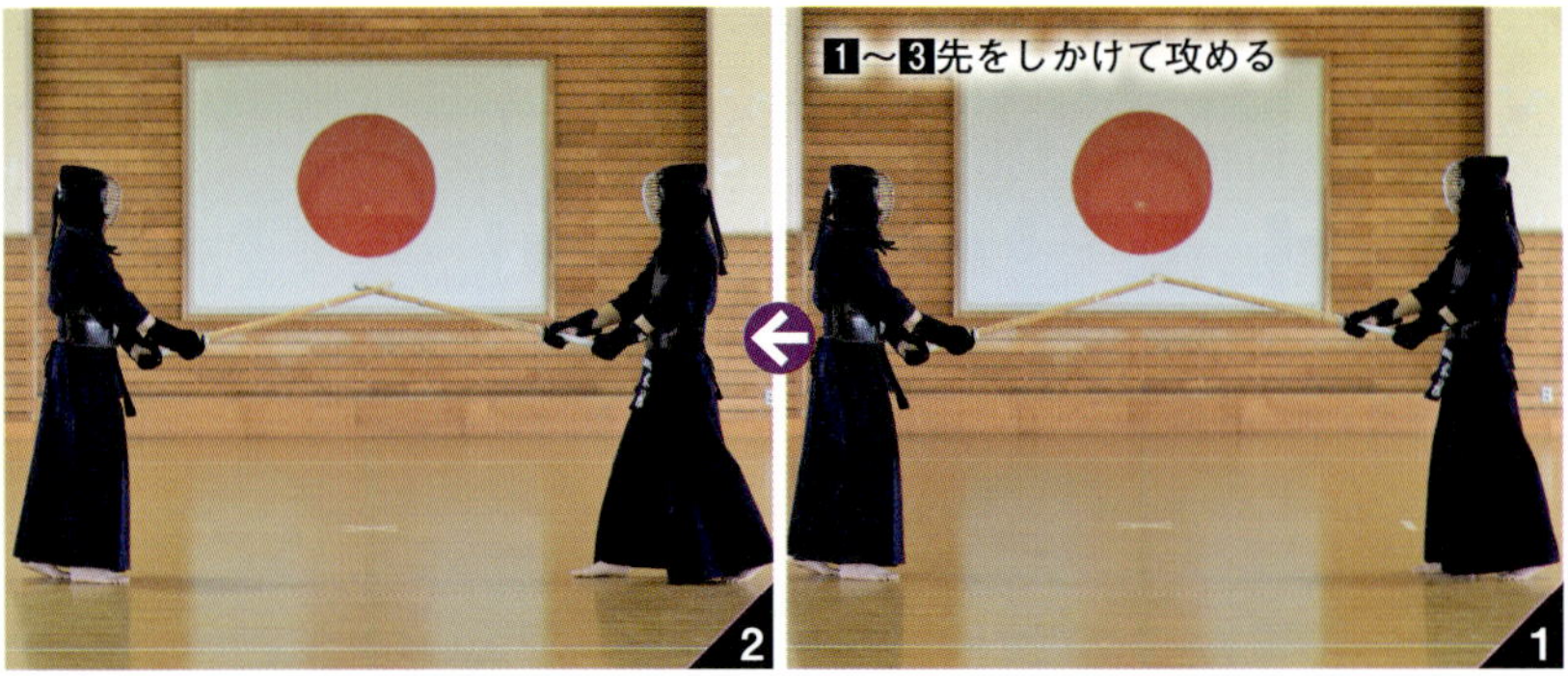


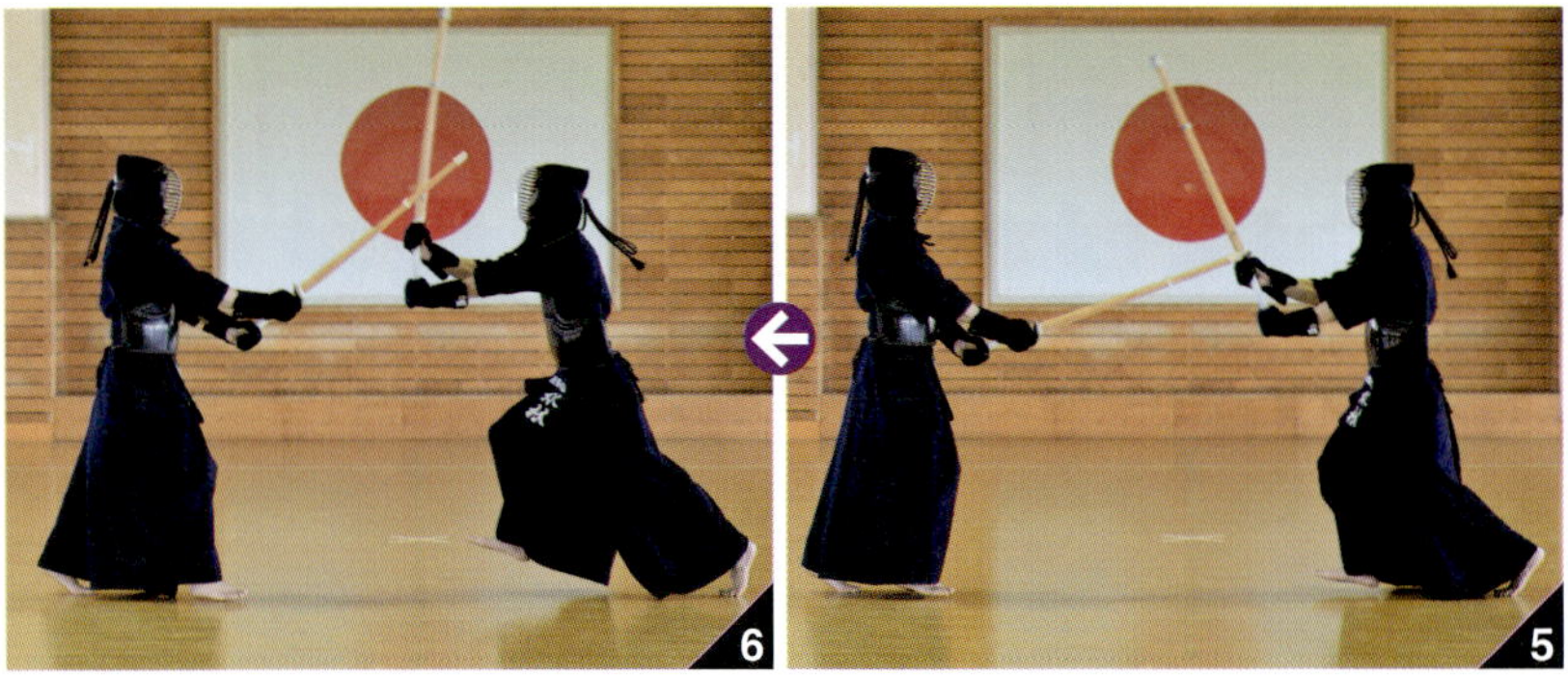

## 相手の打突を待つのではなく自分から先をしかけて攻める

出ばな技とは、相手が攻め込もうとしたり、打突をしようとする起こりをとらえて打つ技です。剣道では、この出ばなをとらえるということがとても大切にされています。

出ばな面は、攻め合いのなかで相手の打ち気を誘い、動作が起こるところを面でとらえます。ポイントは、相手が打ち出すのを待ってから打つのではなく、自分から先をしかけて攻め、そのなかで相手を引き出すということです。

相手の動作を待ってからの打ち出しでは、逆に打たれる可能性が高くなります。相手が打ってくることがわかっているからこそ、先んじて相手を打つことができるのです。

4～6相手が打突に出てくる起こりをとらえて面に跳び込む

7相手の起こりに面を打つ

## NG 深く踏み込みすぎの元打ちに気をつける

出ばな技は、相手が前に出てくることが前提となった技です。通常の打突のように大きく踏み込んでしまうと、相手が出てきている分、お互いの距離が近くなってしまいます。深く踏み込みすぎないように注意しましょう。

出ばな技

# 出ばな小手

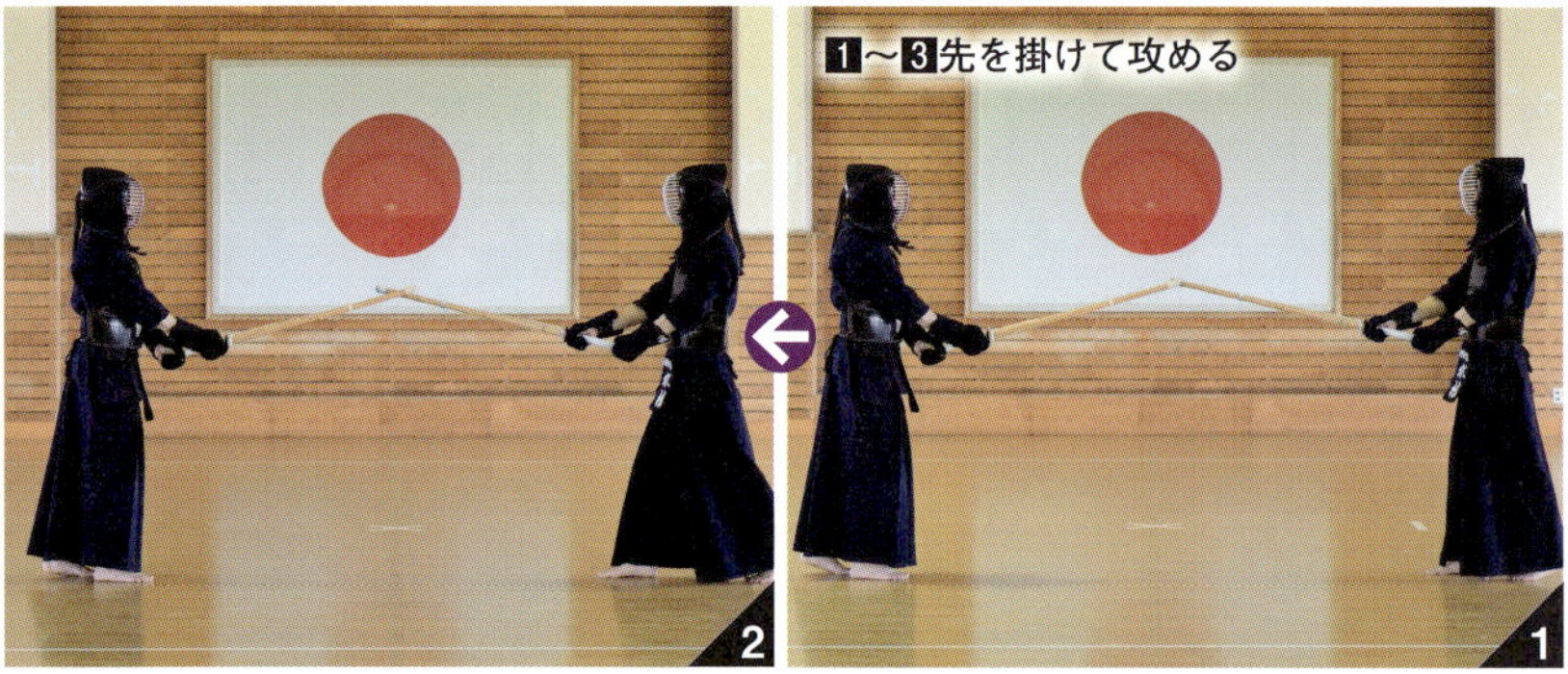
1～3先を掛けて攻める
1
2

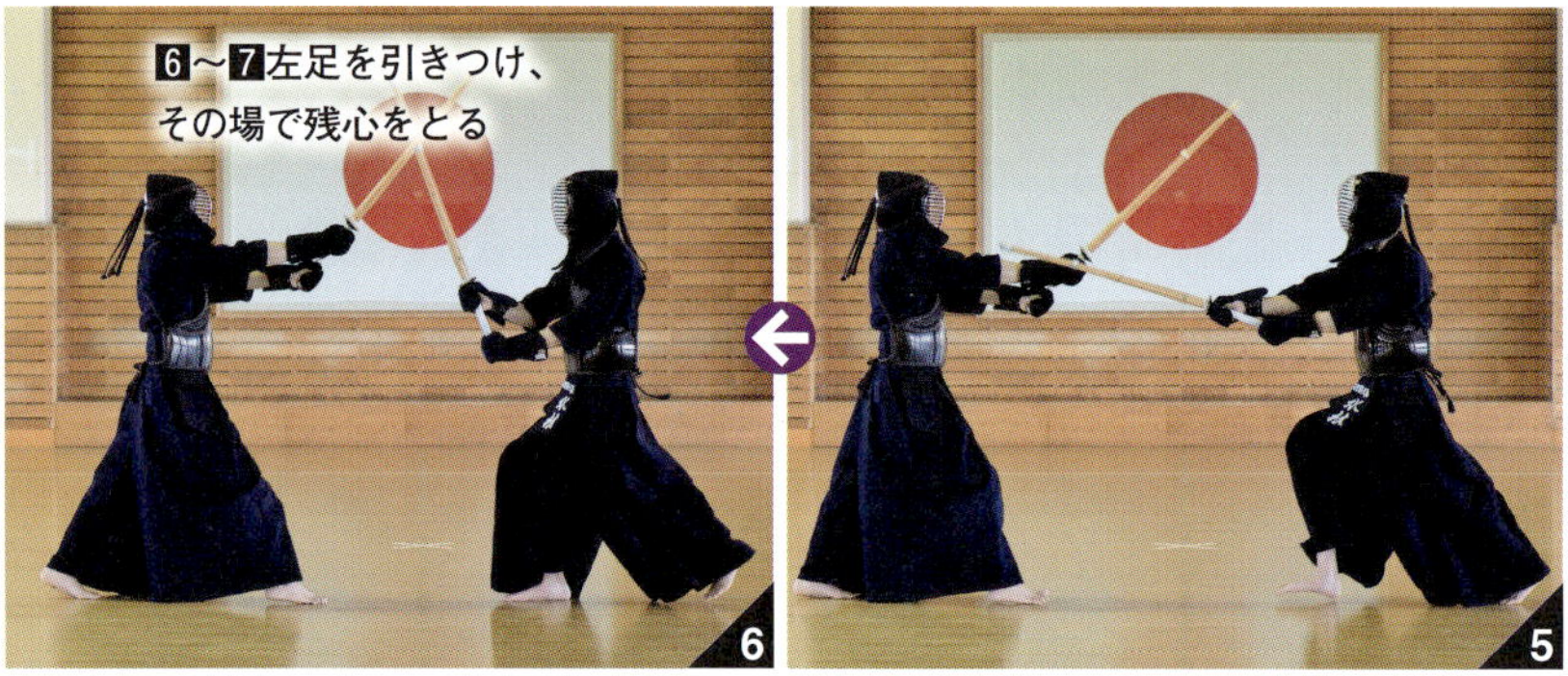
6～7左足を引きつけ、
その場で残心をとる
5
6

## 手先だけを伸ばさず捨て身で思い切って打ち込む

出ばな小手は、相手が打突をしようとして手元が上がった瞬間をとらえ、相手の小手を打つ技です。

この技で注意しておきたいのは、必ず前に出て打つということです。打とうとする気持ちが強すぎると、手先だけを伸ばしてただ当てるだけの打突になってしまいます。これでは部位をとらえたとしても有効打突とは認められません。攻め合いで相手を引き出し、打突は捨て身で思い切って打ちこんでいきましょう。

打突後はそのまま相手にぶつかっていくようなイメージで残心をとります。相手の打突を避けようとして、体勢をくずしすぎないよう注意が必要です。

3

4～5相手の起こりをとらえて小手を打つ
4

7

## POINT 刃筋を意識して打つ

出ばな小手の悪い例としてよく見られるのが、体勢をくずして打つものや、刃筋の通っていない打突です。小手は相手の竹刀と平行に打つことを意識すると、体勢もくずれず、刃筋の通った打突になります。

# 引き面

3

4～6相手の体勢がくずれたところに、送り足や開き足で後方に下がりながら面を打つ

4

7～8勢いよく下がって残心をとる

7

8

## 相手の体勢をくずして攻撃の機会を作り後方に下がりながら面を打つ

引き技は、打突後の体当たりや鍔ぜり合いの状態から、身体を引いて打つ技を言います。体当たりをした瞬間の体さばきや鍔ぜり合いの攻防で相手の体勢をくずし、隙を作り出して打ちます。とくに技の尽きたところや手元の変化を打つとよいでしょう。

引き面は鍔ぜり合いの状態から、相手の隙を見て送り足や開き足で後方に下がりつつ面を打ちます。とくに初心者は足の使い方に気をつけて、早い段階で正しい引き面の打ち方を身につけるとよいと思います。まずは大きな動作で面を打ち、徐々に小さい動作でも強い打突が打てるように稽古を積んでいきましょう。

1～3鍔ぜり合いの攻防で相手をくずす
1

2

5

6

## POINT 相手が押し返してくる反動を利用する

相手の手元を押し、押し返してくる反動を使って引き面を打ちます。くずしと打突動作が二段階にならないように、くずしから打突まで一連の動作で行なえるようにしましょう。

## 引き面応用

# 面体当たり引き面

1～3攻め合いのなかから面を打っていく

6～7体当たりの瞬間に左足から引いて面を打つ

### 体当たりの瞬間に相手をくずして面を打つ

面体当たり引き面は、引き技を組み合わせた二段技の一つです。攻め合いから面を打っていき、打突後に体当たりとなった瞬間、相手の体勢をくずしながら引き面を打ちます。

体当たりからの引き技でポイントとなるのは、体当たりになった瞬間が一番の打突の好機だということです。鍔ぜり合いに持ち込むと、相手も体勢を整えて五分の状態になります。打突の勢いを利用し、体さばきで相手の体勢をくずすことで、有利な状態を維持したまま打突をすることができます。

打突後は通常の引き面と同じように、面を打った余勢を利用して相手と距離をとりましょう。

4
4～5身体全体で相手に体当たりをし、
くずしをしかける

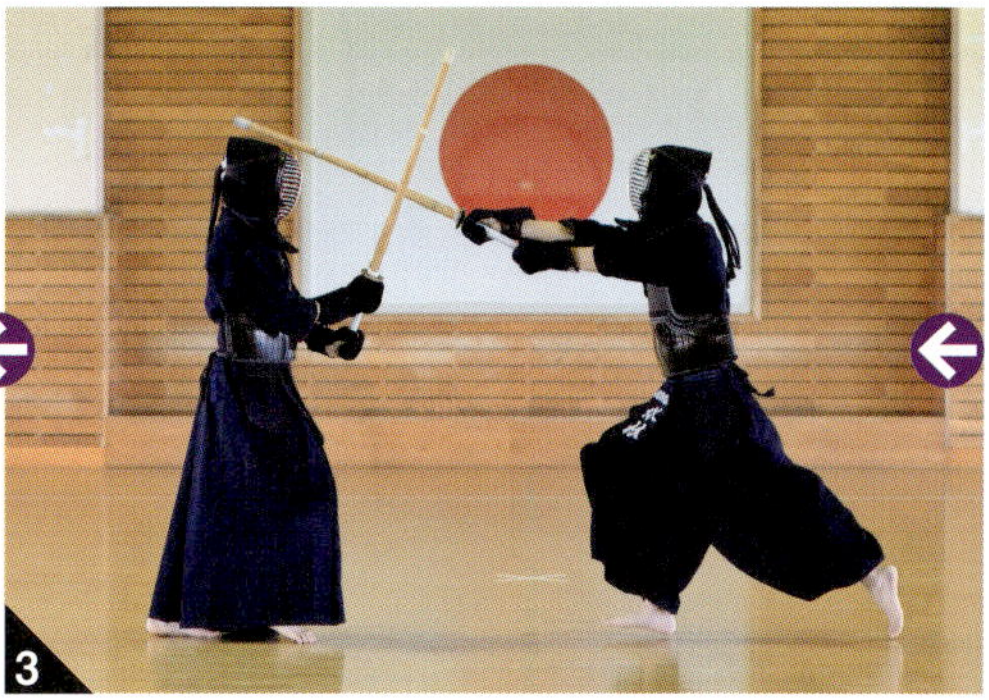


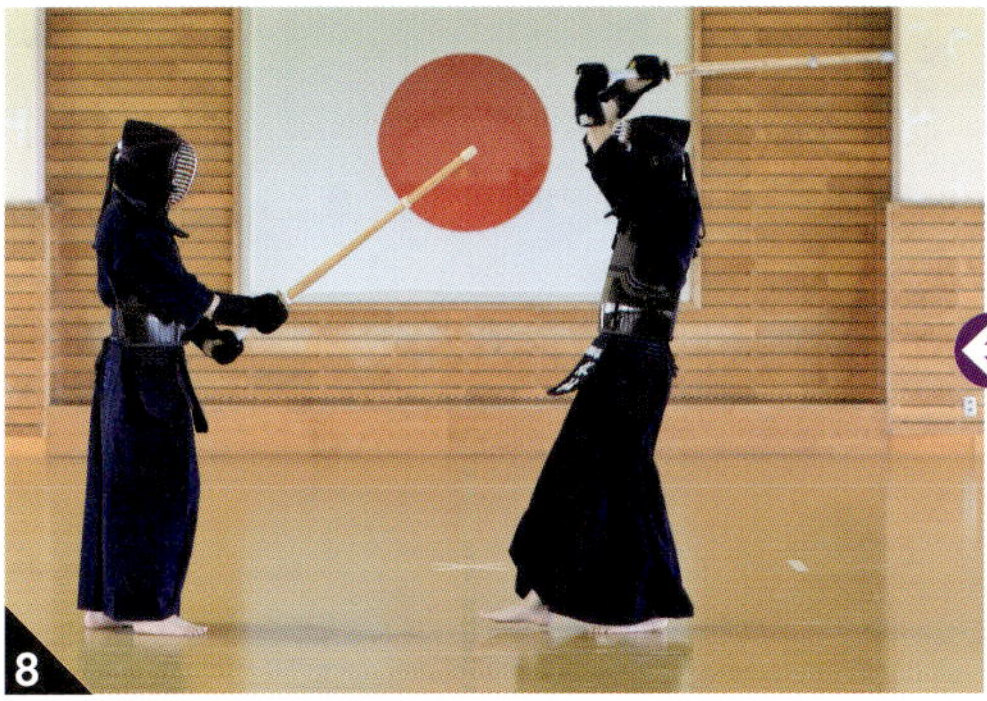

## POINT 体当たりの瞬間に技に移る

面を打った勢いで体当たりをしたのち、すぐさま引き面に移行します。体当たりの瞬間に、手元を押したり身体を左右にさばくなどしてくずしをしかけ、相手が体勢を整える前に面を打ちましょう。

引き技

# 引き小手

4～6相手の体勢がくずれたところに、身体を左斜め後方に引いて小手を打つ

7～8勢いよく下がって残心をとる

## 正しい姿勢と刃筋で適正な間合で小手を打つ

引き小手は、鍔ぜり合いの状態から相手をくずし、左斜め後方へ素早く引きながら小手を打つ技です。

引き小手のポイントは相手との距離です。物打ちで確実に打突部位をとらえられるように、左足から大きく引いて打突することを心がけましょう。また、打突後はすぐさま右足を引きつけて、体勢のくずれを抑えることも大切です。

引き小手に限らず、小手技全般に言えることは、打突時の刃筋が重要ということです。とくに引き小手は、自ら体勢を崩して当てるだけの打突になりがちなので、鍔ぜり合いでしっかりと相手をくずし、正しい姿勢と刃筋で小手を打つことを心がけましょう。

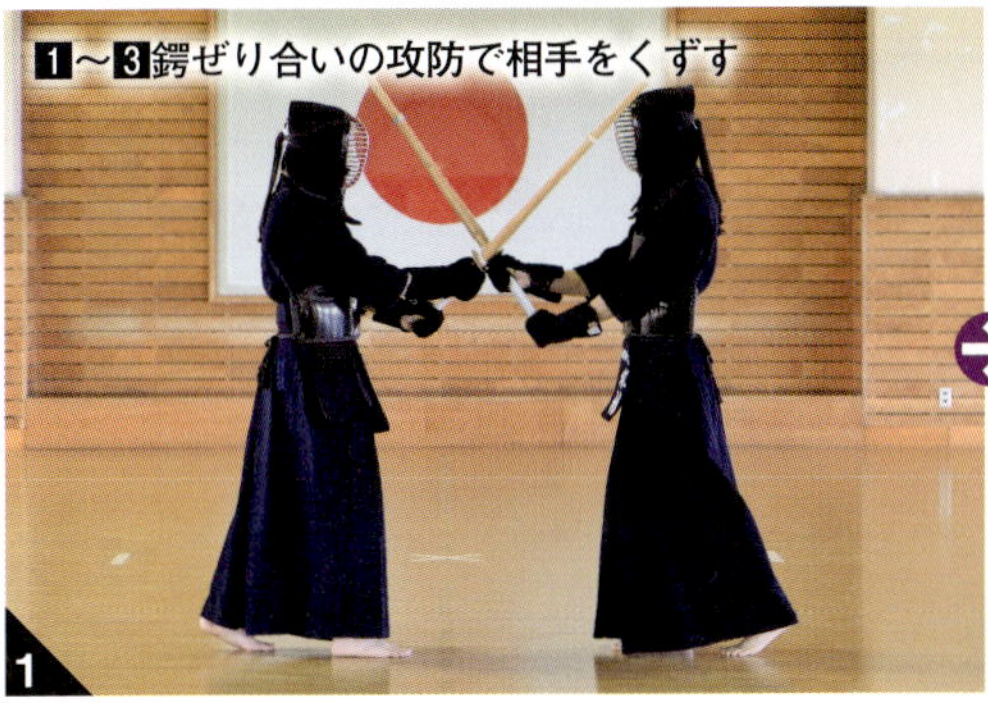

1～3鍔ぜり合いの攻防で相手をくずす

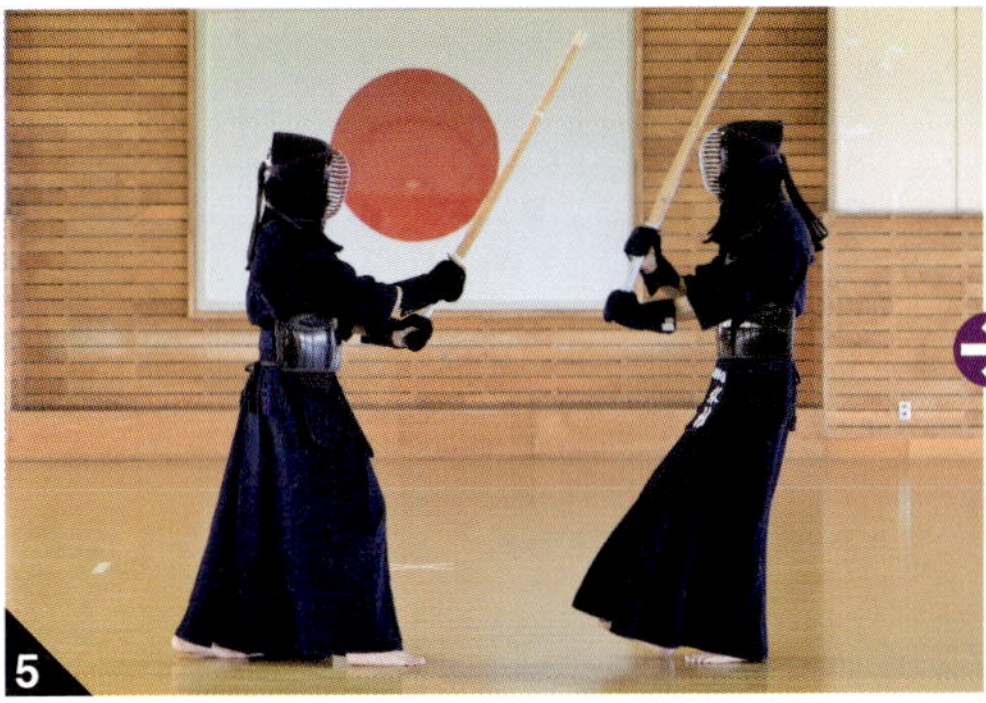

## POINT 手元を左下に押し下げる

相手の手元を左下に押し下げ、もどしてくる反動を利用して小手に隙を作り出します。打突時に相手の小手の方向へ両足を向けておくことで、刃筋正しく小手を打つことができます。

引き小手
応用

# 面体当たり引き小手

1～3攻め合いのなかから面を打っていく

6～7隙のできた小手を打つ

## 身体を横にさばいて手元をくずし 手首のスナップを利かせて小手を打つ

面体当たり引き小手は、攻め合いのなかで面を打ち、体当たりの瞬間に身体をさばいて相手をくずして引き小手を打つ技です。

面体当たり面との違いは、体当たりのときの相手のくずし方です。相手の小手に隙を作り出したいので、身体を横にさばきながら手元をくずしていくのがポイントとなります。小手打ちは自分の竹刀が相手の竹刀と平行になるまで、手首のスナップを利かせて鋭く打ちこんでいきます。打突後に体勢をくずさないよう注意しましょう。

引き小手を打つ機会の一つとして、相手の手元が伸びきった瞬間があげられます。体当たりで相手が引かず、前に出て受けてきたときは打突の好機と考えましょう。

❹〜❺身体全体で相手に体当たりをし、横にさばいてくずしをしかける

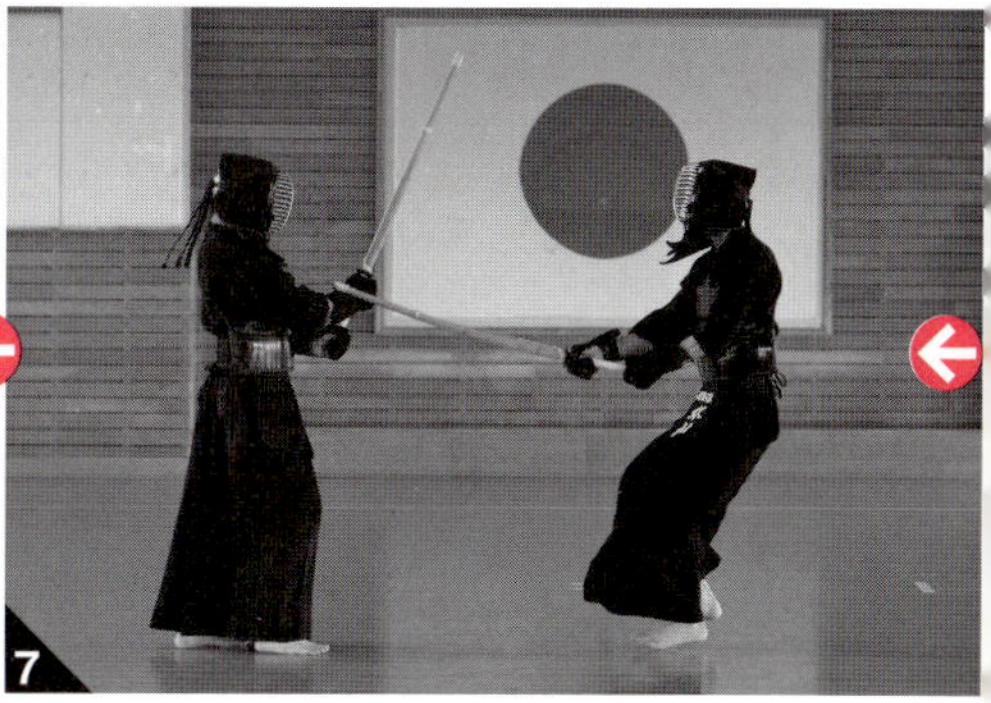

❽打突の勢いを利用して下がり、残心をとる

## POINT 押し返してくる瞬間を狙う

面を打って激しく体当たりをすると相手はかならず押し返してきます。 その瞬間、手元がわずかに伸びるので、 相手との間合を十分にとりながら物打ちで小手をとらえましょう。

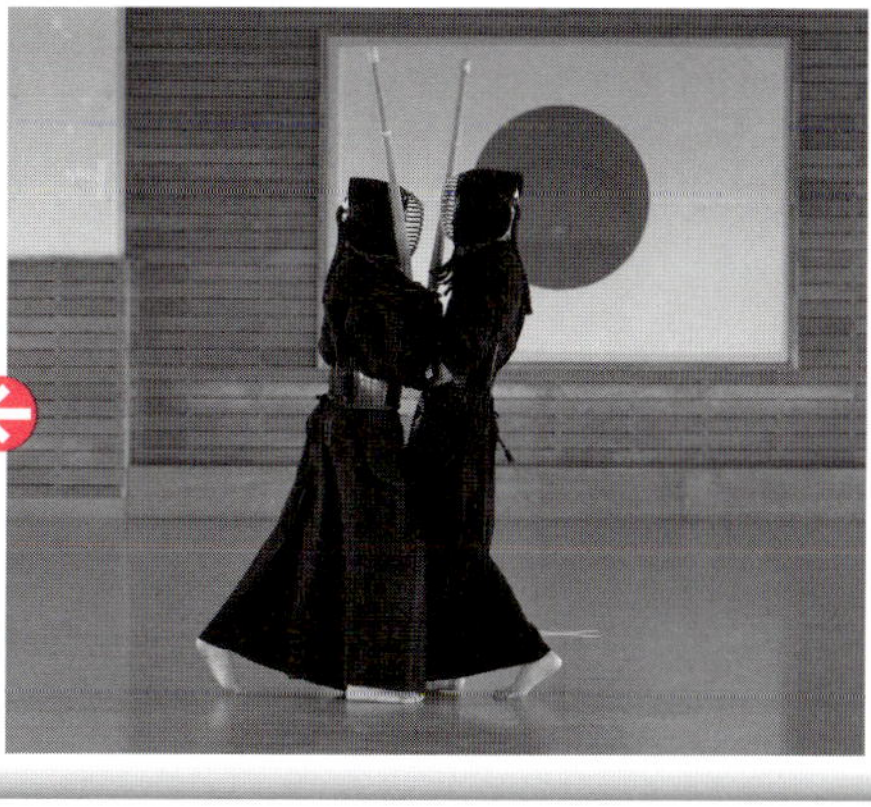

# 引き胴

4～6相手が手元を上げたところに胴を打つ

7～8相手に正対しながら勢いよく下がって残心をとる

## 相手に手元を上げさせ正しい刃筋で胴を打つ

引き胴は、鍔ぜり合いの状態から相手をくずして機会を作り出し、後方に引きながら右胴を打つ技です。

引き胴で注意したいのは、打突時に腰が引けてしまわないこと、そして刃筋が通っていない平打ちの状態にならないことです。鍔ぜり合いから相手に手元を上げさせ、送り足や開き足で後方または斜め後方に引きながら右胴を打ちます。

打突後は他の技と同じく、打突の勢いを利用して下がりますが、相手に正対して下がることが重要です。とくに胴打ちは、打ち損じた場合に相手に反撃される危険性があります。正対して下がることにより、後打ちにも素早く対応できるようになります。

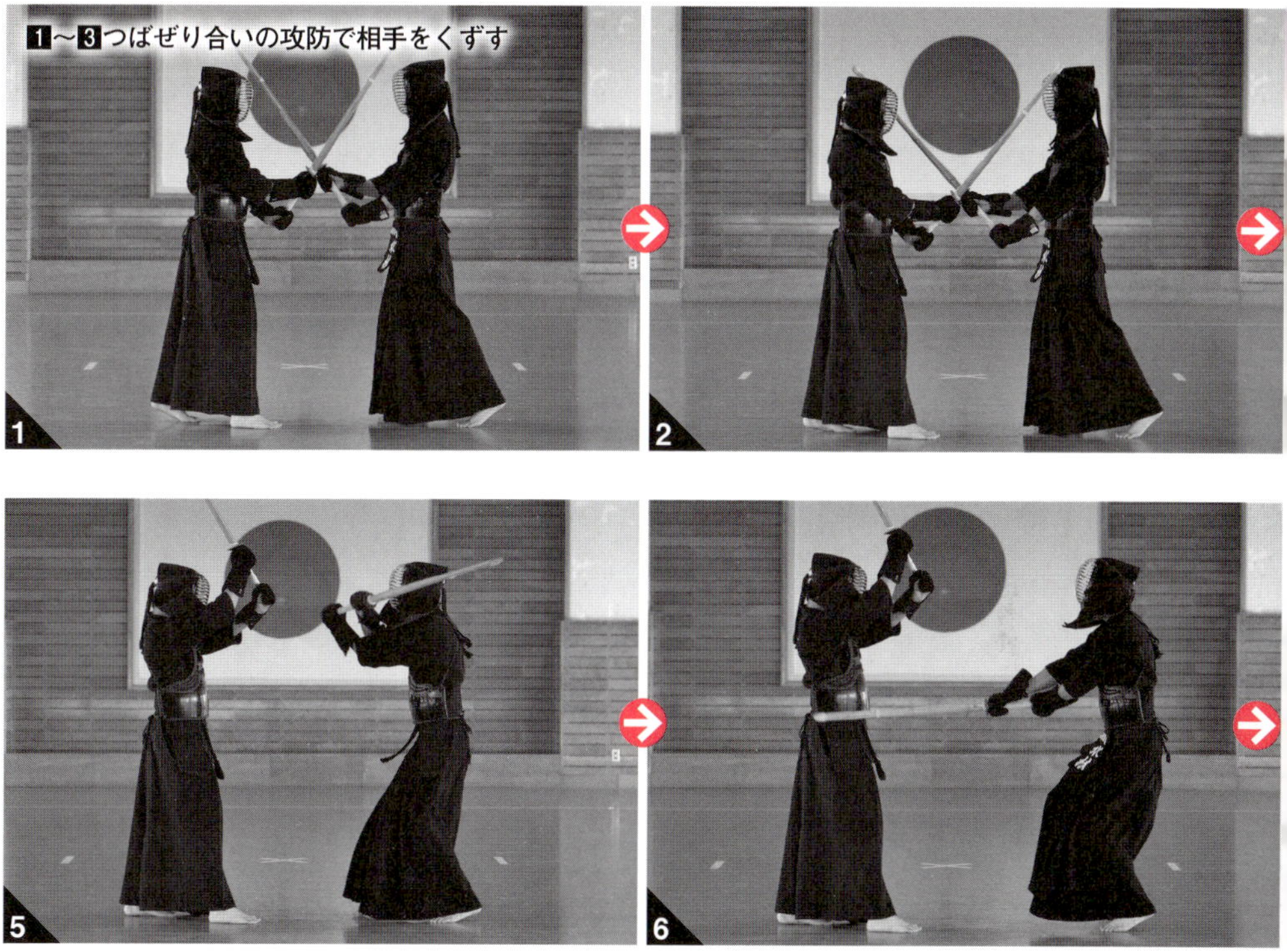
1～3つばぜり合いの攻防で相手をくずす
1
2
5
6

## POINT 手元を真下に押し下げる

手元を真下に押し下げるようにしてくずしを掛けると、相手は反動で手元を上げ、胴に隙ができます。隙ができたら瞬時に手首を返して、刃筋正しく右胴を打ちましょう。

引き胴応用

# 面体当たり引き胴

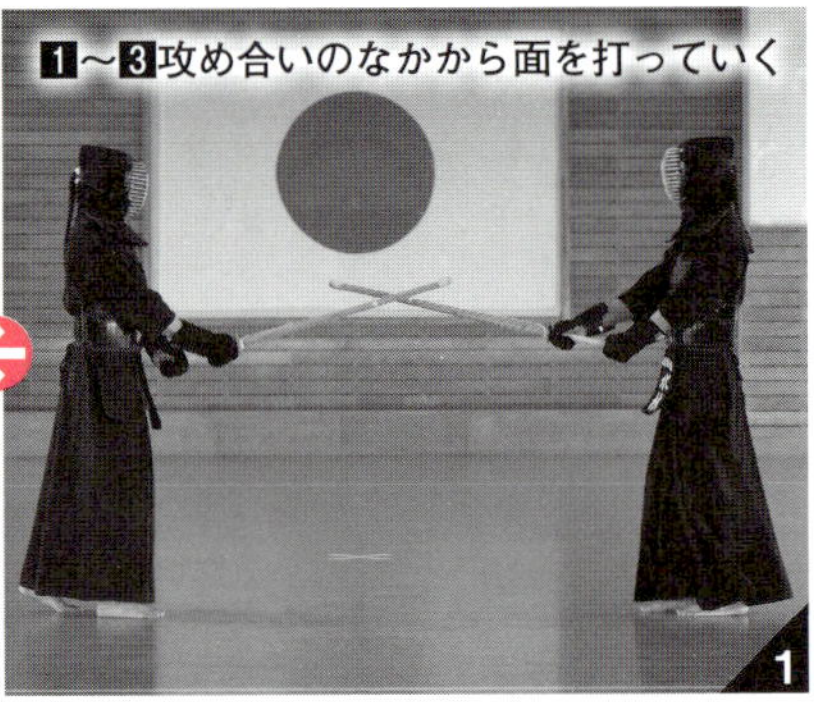
1～3攻め合いのなかから面を打っていく

## 面を意識させて防ごうと手元を上げたところを打つ

面体当たり引き胴は、機会を見て相手に面を打ち込み、体当たりで体勢をくずして、さらに引き胴を打つ技です。

技のポイントは他の引き技と同じですが、体当たりから引き胴のつなぎで体勢をくずさず、顔を起こして正しい姿勢で打突することが大切です。打突は竹刀の物打ちで正しく部位をとらえられるように、相手との距離をしっかりと把握しておきましょう。

相手の手元を上げさせる一つの方法として、面を意識させるのも良いと思います。体当たり後に面を打つようにして竹刀を振りかぶると、相手は面を防ごうと手元を大きく上げます。その瞬間に手を返し、刃筋正しく右胴を打ちます。

3

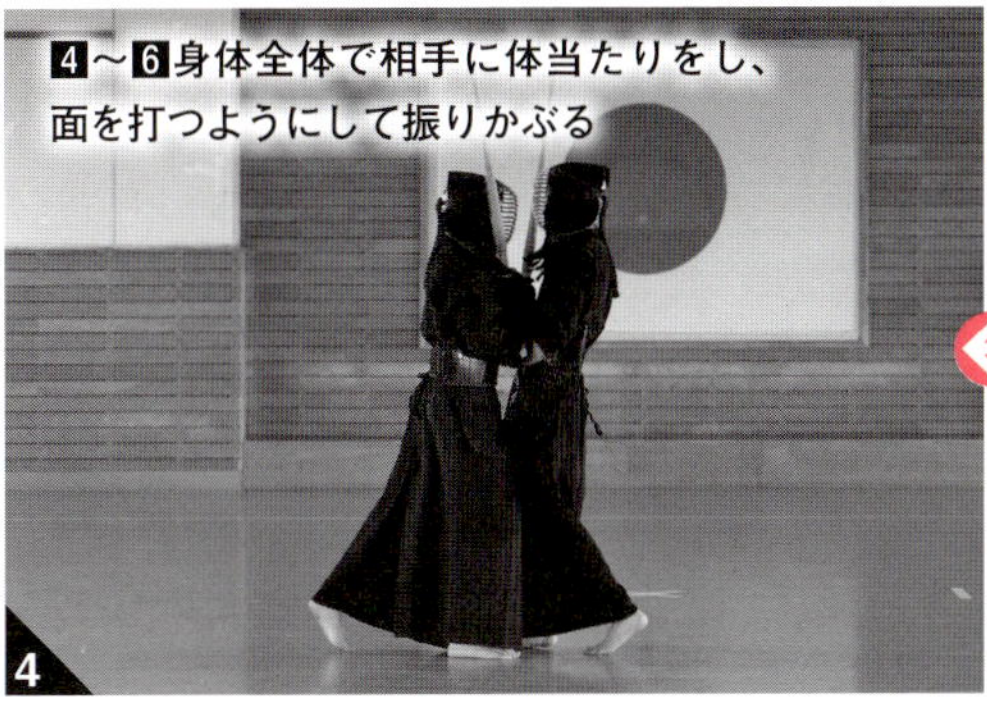
4

❹〜❻身体全体で相手に体当たりをし、面を打つようにして振りかぶる

7

❼〜❽面を防ごうと手元を上げたところに胴を打ち、下がって残心をとる

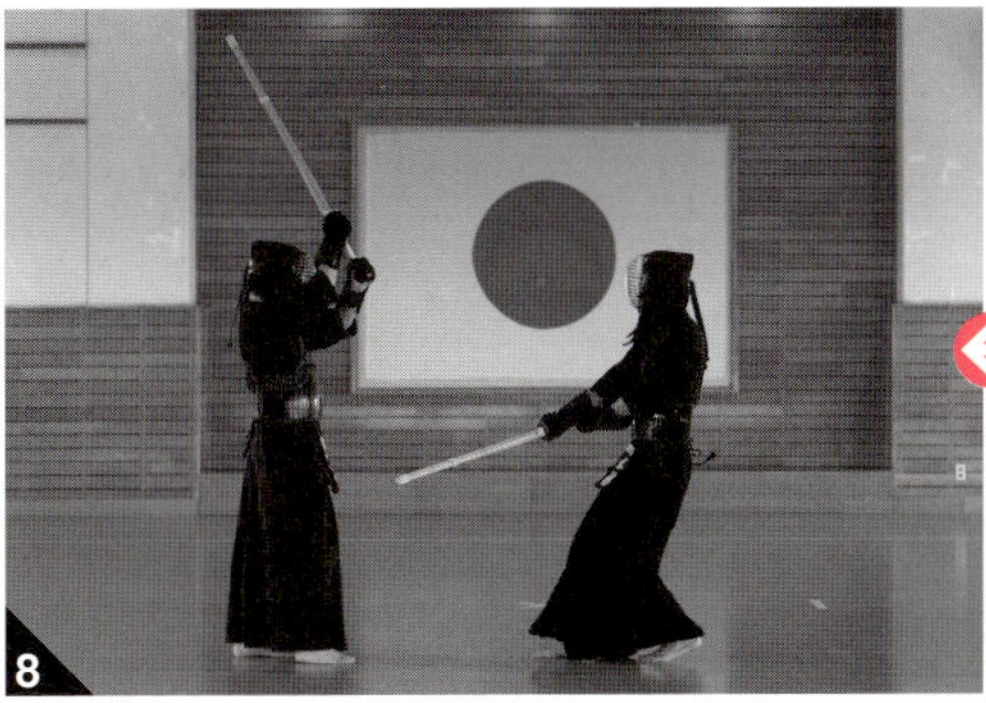
8

## POINT 素早く下がって相手と距離をとる

引き技は中途半端に下がるのが一番危険です。打突後は踏み込みの勢いを利用して、相手の技が届かないところまで一気に下がりましょう。そうすることで、相手の後打ちを防ぐことができます。

捲き技

# 捲き落とし面

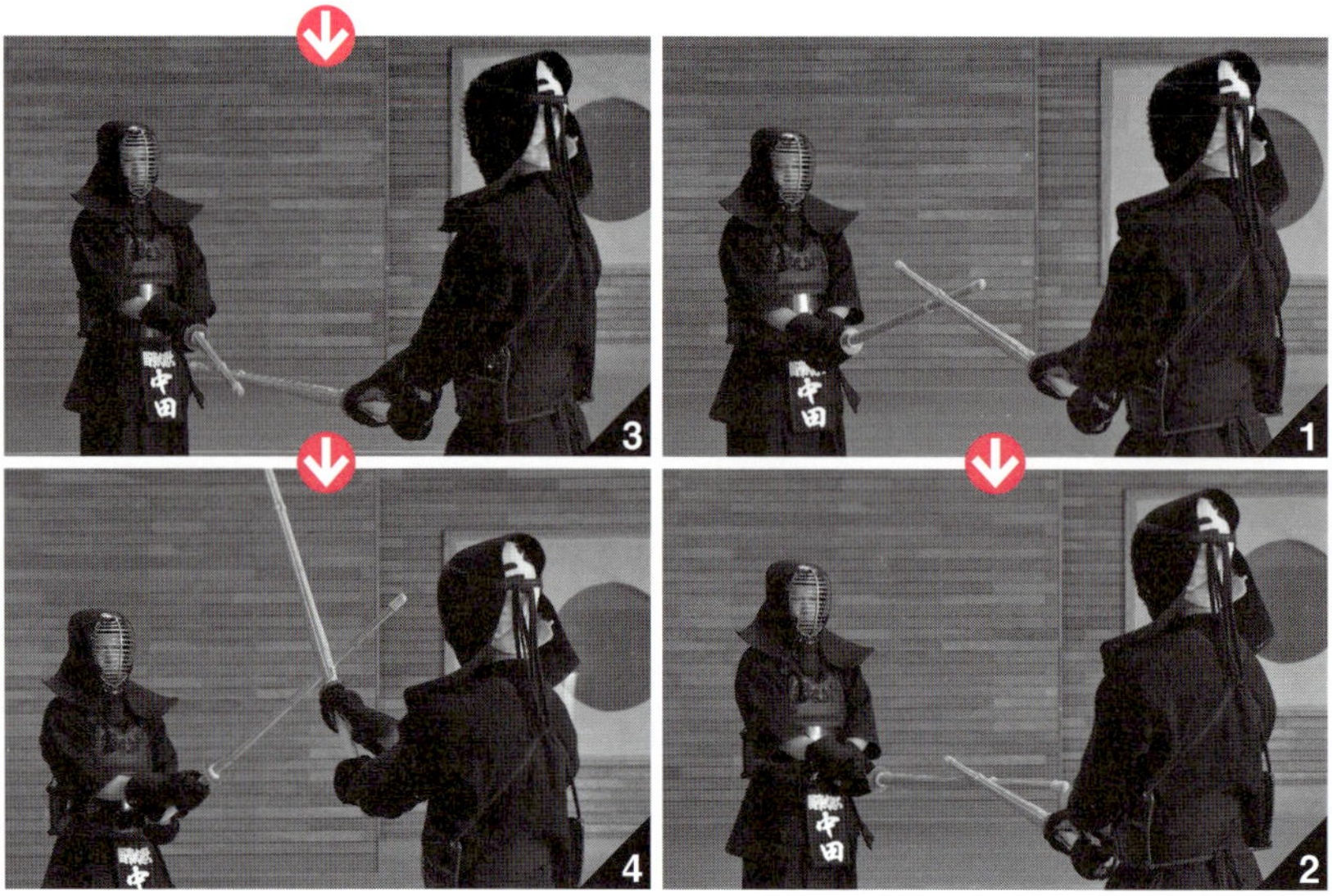

**POINT** 自分の竹刀と相手の竹刀を密着させる

捲き技を成功させるには、自分の竹刀と相手の竹刀を密着させる意識を持って捲くことです。相手の構えを大きくくずすのがポイントなので、力強く捲くことを心がけましょう。

## 時計回りに竹刀を捲き落として構えがくずれたところを打つ

捲き技は自分の竹刀を相手の竹刀に絡め、円を描くようにして相手の竹刀を捲き上げたり、捲き落としたりして相手の構えをくずしていく技です。

捲き落として面は、攻め合いのなかから剣先を低くして攻め入りつつ竹刀を裏に回し、時計回りに相手の竹刀を捲き落として構えをくずします。そして、相手が体勢を立て直す前にすかさず面を打っていきます。

捲き落としのポイントは、相手の竹刀の中程から手元にかけてを捲くことです。竹刀の先を捲こうとすると、途中ではずれてしまうなど充分に捲くことができません。しっかりと攻め込んで竹刀を捲いていきましょう。

**1〜3**
攻め込みながら竹刀を裏に回す
**4〜5**
相手の竹刀を時計回りに捲き落として構えをくずし
**6〜7**体勢を立て直す前に面を打つ

# 捲き上げ小手

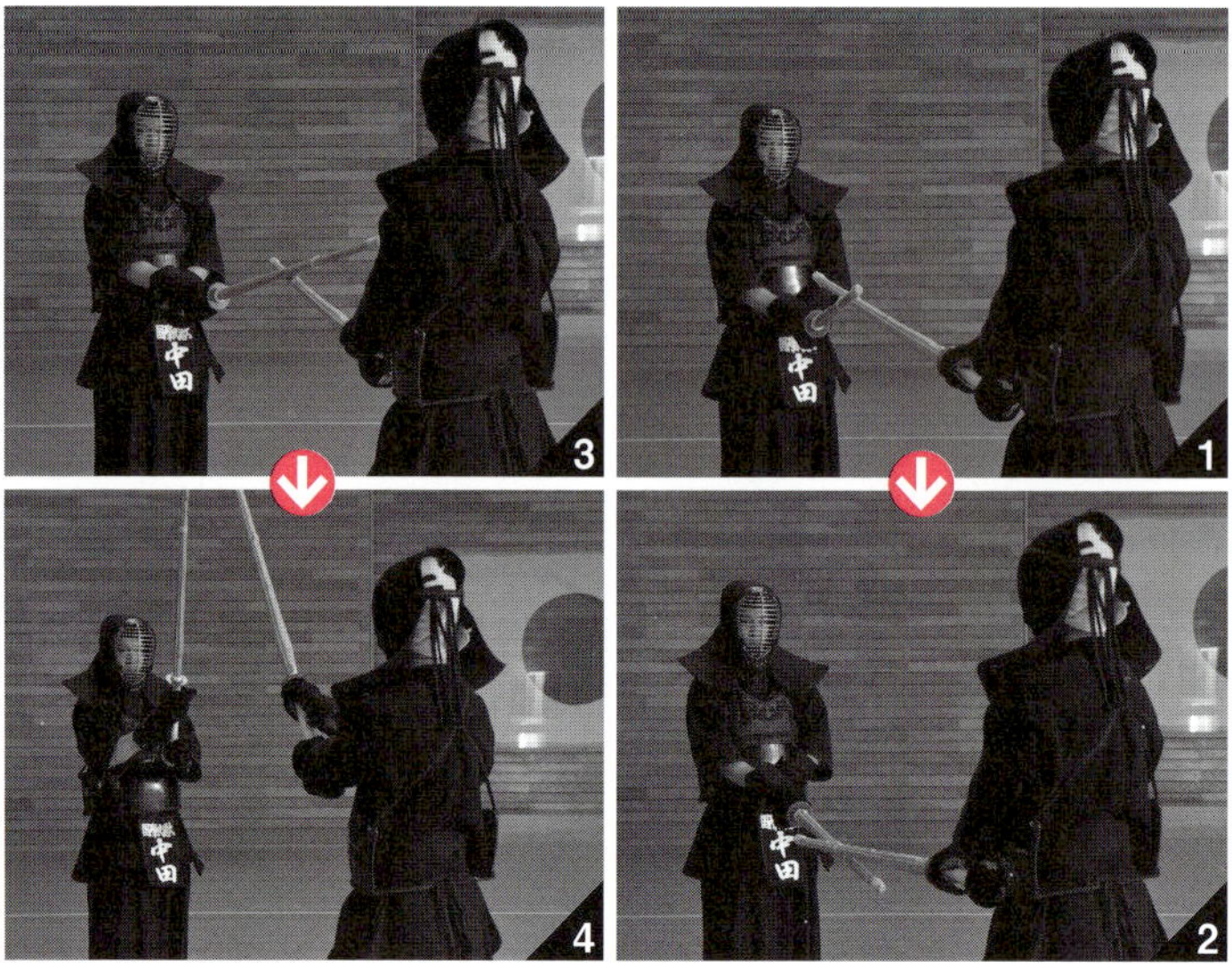

**POINT** 中結付近から捲き上げる

捲き上げは攻めながらくずしをしかけるのがポイントです。相手の竹刀の中結付近から捲き上げはじめ、攻め込みつつ一気に竹刀を反時計回りに円を描くように捲き上げましょう。

## 間合に攻め入りながら捲き上げ刃筋正しく小手を打つ

捲き上げて小手は、表から反時計回りに竹刀を捲き上げ、隙のできた小手を打つ技です。

捲き上げのポイントは捲き落としと同じですが、攻めながら捲いていくことが大切です。足を止めた状態で捲いたとしても、くずしから打突までに時間が掛かってしまい、相手に体勢を立て直す余裕を与えてしまいます。攻めから打突までを一連の動作で行なえるようにしましょう。

捲き上げたときに竹刀を振りかぶった状態になっていれば、あとはまっすぐ振り下ろして小手を打つだけです。他の小手技でも説明しましたが、小手は刃筋正しく打つことを心がけましょう。

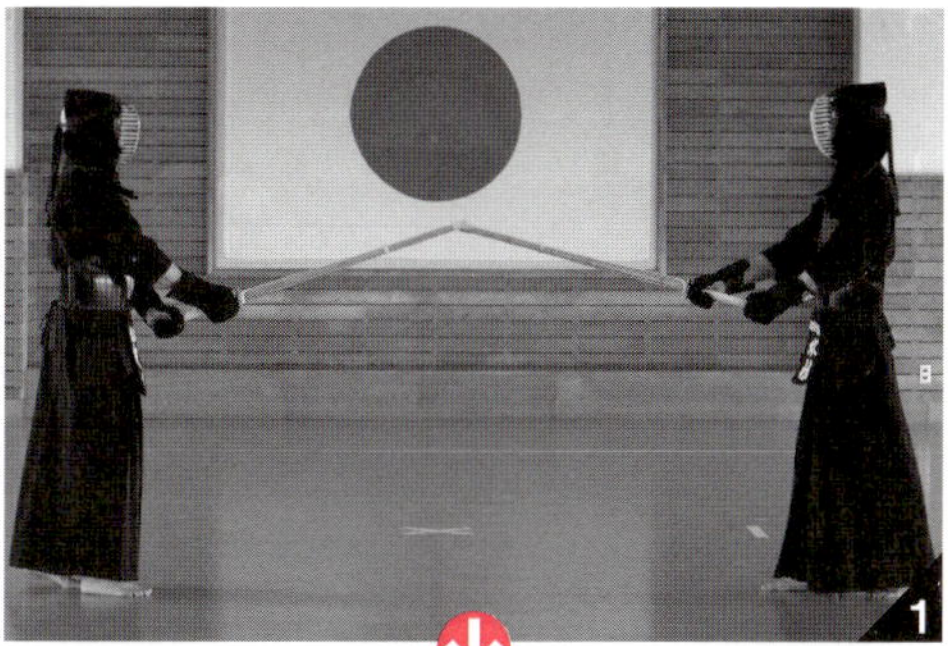


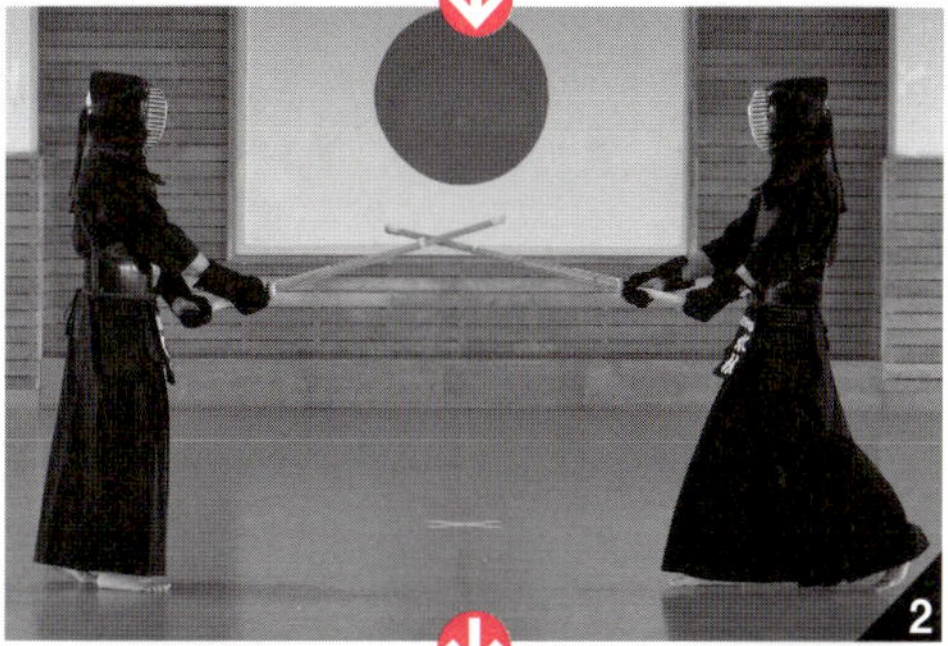

**1～4**
攻め込みながら竹刀を反時計回りに動かし、相手の竹刀を捲き上げていく

**4～5**
相手の竹刀を強く捲き上げて体勢をくずす

**6～7**
隙のできた小手を打つ

かつぎ技

# かつぎ面

**POINT** かつぎで相手の居着きを誘う

竹刀を左肩にかつぐ動作をすると、相手は小手を警戒して剣先を開いて、わずかにのけぞって居着いたようなかたちになるので、その瞬間に鋭く面を打っていきます。

## 竹刀を右肩にかつぎ相手の動揺を誘う

かつぎ技は、竹刀を肩にかつぐ動作をすることで相手の動揺を誘う技です。相手はかつぎの動作により、居着いたり手元を上げたりします。

かつぎ面は、遠間での攻め合いのなかから機を見て攻め込んでいく技です。まずは大きく竹刀を左肩にかつぎます。竹刀をかついだことにより、相手は小手や胴を警戒して手元を下げるので、その一瞬の居着きを逃さず、捨て身で面を打ちます。かつぐ動作で相手の警戒心を誘うためには、本当に打ってくると相手に思わせる勢いが重要です。かつぎは鋭く思い切って行ないましょう。その後、居着いたところに捨て身で面を打っていきます。

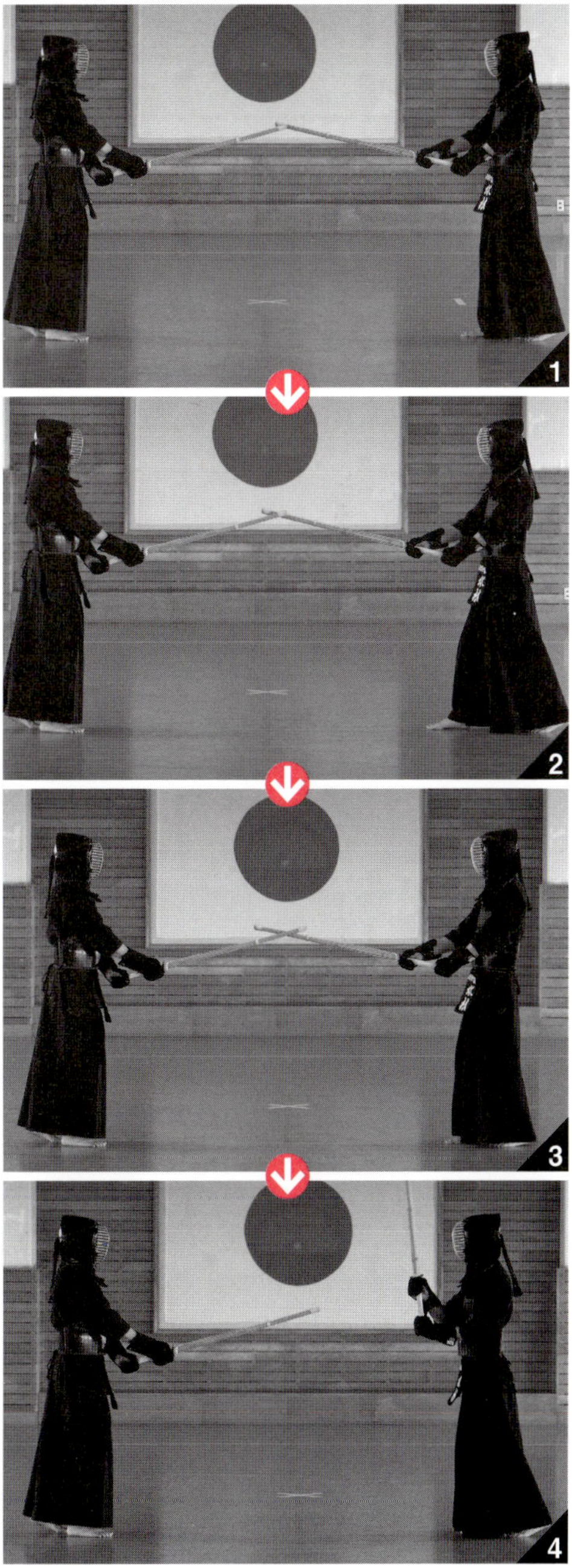

**1**～**3**
遠間から攻め込んでいく

**4**～**5**
機会を見て竹刀を左肩にかつぐ動作を見せる

**6**～**7**
相手が居着いた瞬間を見逃さず、捨て身で面を打っていく

かつぎ技

# かつぎ小手

1～2遠間から攻め込んでいく

6～7相手が面を警戒して手元を上げた瞬間を見逃さず、左足を引きつけながら小手を打つ

## 自分の小手を見せるように大きく踏み込んで小手を打つ

かつぎ小手は、自分の小手を見せるようにして左の肩に竹刀をかつぎ、相手が面を意識して居着いた瞬間に小手を打つ技です。

かつぎ小手のポイントは、かつぎの動作でどのようにして相手の手元を浮かせるかです。かつぎ面と同じ軌道で竹刀をかつぐことにより、相手は面技を防ごうと手元を上げるので、小手に隙ができます。また、相手との間合も重要です。相手が面を意識して手元を上げる場合の多くは、体重が後ろに掛かった後傾状態になっています。小手の位置も、通常の小手打ちよりわずかに遠くなっているので、思い切って間合に入るとよいでしょう。左足を引きつけると同時に竹刀を振り下ろし、強く相手の小手を打っていきましょう。

3～5機会を見て竹刀を左肩にかつぐ

## POINT 左こぶしは正中線からはずさない

かつぎ技は、竹刀をかつぐという一つの攻めによって相手の動揺を誘います。攻めと打突はつながっていなければいけないので、かつぐ動作のときも左こぶしを正中線からはずさないように気をつけましょう。左こぶしが正中線に位置していれば、相手の隙を見てすぐさま打突に移行することができます。

片手技

# 片手突き

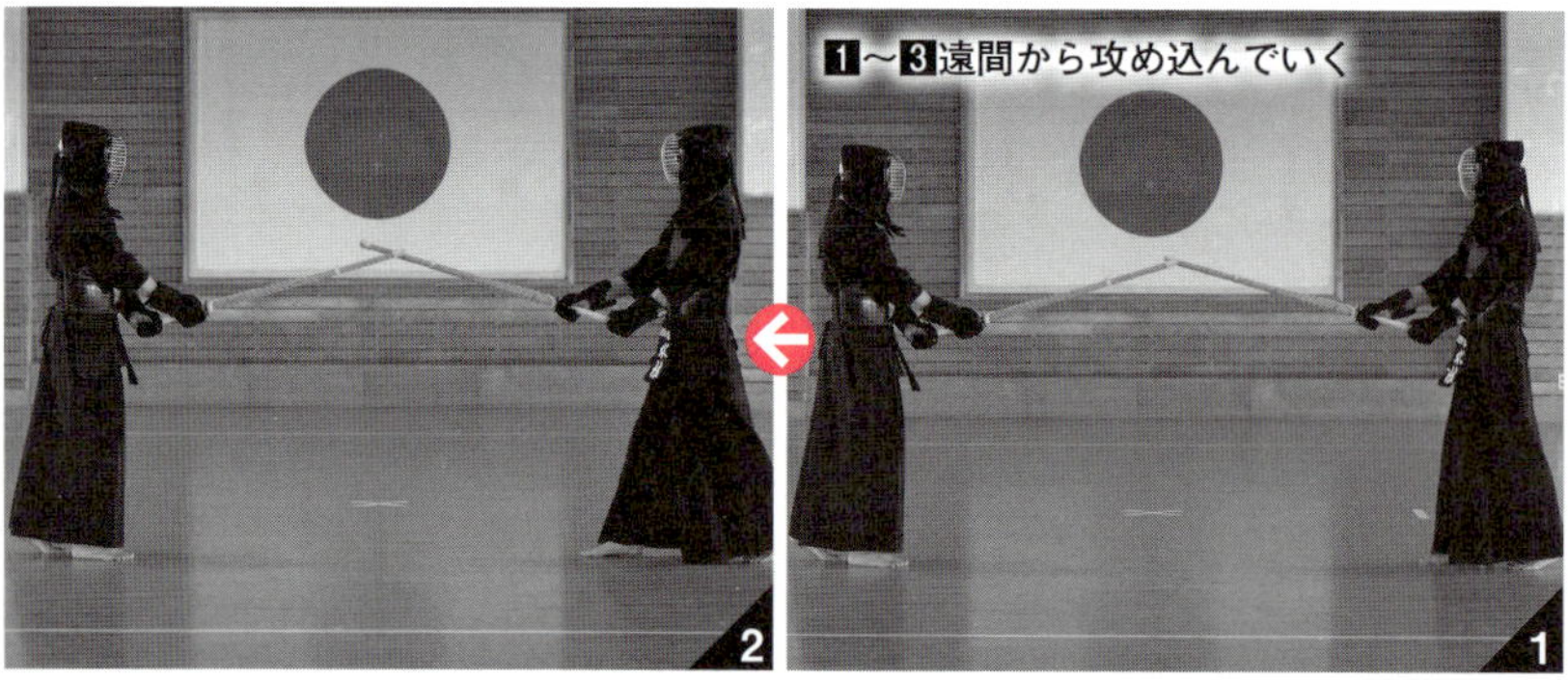
1~3遠間から攻め込んでいく

6~8体勢をくずさず、腰を入れて突く

## 左こぶしを中心からはずさず最短距離で喉元を突く

片手突きは、諸手突きと同じ軌道で竹刀を出していき、動作の途中で右手を離して、片手で相手の喉元を突いていく技です。

諸手突きよりも遠い間合いから相手を突くことができますが、竹刀の軌道がぶれやすく、打突部位をとらえることが格段に難しくなるので、よく稽古しておかなければなりません。

片手突きで確実に相手の喉元をとらえるために意識しておきたいのは、左こぶしを中心からはずさないことです。左こぶしが正中線からはずれると剣先もぶれてしまい、まっすぐ相手を突いていくことができません。左こぶしが中心に収まっていれば、最短距離で冴えのある突きが出せるようになります。

4～5相手の喉元目がけて竹刀を突き出していくなかで、右手を離す

POINT

## 諸手突きと同じ感覚で突く

諸手突きと片手突きをまったく別の技と考えている人もいるかもしれませんが、基本はまったく変わりません。ことさらに手首を伸ばしたり、手元を上げたりして突くのではなく、構えた手元を変えずに最短距離で突くことを心がけましょう。

片手技

# 片手面

## 身体を左に開いて左斜め45度の角度で面を打つ

片手面は片手突きと同じく、通常より遠い間合から相手を打突できる利点があります。

しかし、片手面はいわゆる〝飛び道具〟的な扱いであり、頻繁に出す技ではありません。機会の見極めが非常に重要であり、はずれれば自身が窮地に立たされてしまうので使うときは注意が必要です。

遠間から機会を見て攻め入り、通常の面打ちと同じようにまっすぐ竹刀を振り上げます。相手が面を警戒して手元を上げた瞬間を見計らい、身体を左に開きながら右手を離して、斜め45度の角度で相手の右（右面）を打ちます。

片手技は諸手の技に比べて打突の力が弱くなりがちです。手首のスナップを利かせ、腰を入れて、強く冴えのある打突を心がけましょう。

3

4〜6 通常の面打ちと同じように竹刀を振り上げ、身体を左に開きながら右手を離す

4

7〜8 左斜め45度の角度で相手の面を打つ

7

8

## POINT　体さばきで打突に冴えを出す

片手技は諸手に比べ、どうしても打突が弱くなってしまいます。片手でも冴えを出すためには、鋭い体さばきが大切です。左に開きながら右手を離し、打突の瞬間に離した右手を腰に引きつけて体さばきに鋭さを出しましょう。腰が入れば自然と打突にも力が加わります。

上段技

# 上段からの面

1諸手左上段に構える

2〜4機会を見て、左足から踏み込みながら、右手を柄から離して竹刀を振り下ろす

5〜6竹刀をまっすぐ振り下ろして相手の面を打つ

## 打たれることを怖がらず、強い気持ちで打ち下ろしていく

上段に構えた状態から出す技のなかで、最も一般的なのが片手面です。ここでは、諸手左上段に構えたところからの片手面について説明します。

まず、上段に構えたときに重要なのが、〝火の構え〟とも言われる強い気持ちを持つことです。打たれることを怖がらず、すべてを捨てて打ち下ろしていく激しい心構えを持ちましょう。

諸手左上段に構えたところから、機会を見て左足から踏み込みつつ、右手を離してまっすぐ相手の面に竹刀を振り下ろしていきます。ポイントは、左手を自分の胸の高さまで下げ、剣先が走るように、打突と同時に右手をしっかりと腰に引きつけることです。

7～8 すばやく右手を腰に引きつけて体勢を整える

## POINT 上段から諸手面

上段からの面技は片手面が主ですが、状況によっては諸手の面もつかいます。柄から右手を離さず、そのまままっすぐに竹刀を振り下ろしましょう。機会によってつかい分けられるよう、どちらもしっかりと稽古をしておくことが大切です。

上段技

# 上段からの小手

1諸手左上段に構える
1

2〜3機会を見て、左足から踏み込みながら、相手の竹刀に沿わせるようにして竹刀を振り下ろす
2

5〜7右足を引きつけて残心を示す
5

## 相手の竹刀に沿わせるように自分の竹刀を振り下ろしていく

上段からの技で、攻めの意味合いも含めて大事になるのが片手小手です。中段に構えているときよりも遠間から打突することが可能なため、小手から相手を攻めくずして隙をつくり出すことが可能になります。

上段からの小手打ちでポイントになるのは、振り下ろしたときの竹刀の軌道です。こちらが上段に構えた場合、相手は剣先を左こぶしにつけて竹刀を開いて構えるので、まっすぐ振り下ろすだけでは打突部位をとらえることはできません。技を決めるにはわずかに身体を左斜め前にさばき、相手の竹刀に沿わせるようにして竹刀を振り下ろしていく必要があります。打突の瞬間は手首のスナップを利かせて、正しい刃筋で小手を打ちます。

4 手首のスナップを利かせて小手を打つ

## POINT 上段から諸手小手

上段からの諸手小手は、打突のタイミングを変える、いわゆるフェイント的な要素が強くなります。相手は竹刀を開いて構えているため、まっすぐに振り下ろすだけでは一本になりません。相手の竹刀に沿わせるようにして振り下ろし、手を返して小手を打っていくことが最大のポイントです。

# 第3章

# 応じ技

## 剣道の応用動作(対人的技能)

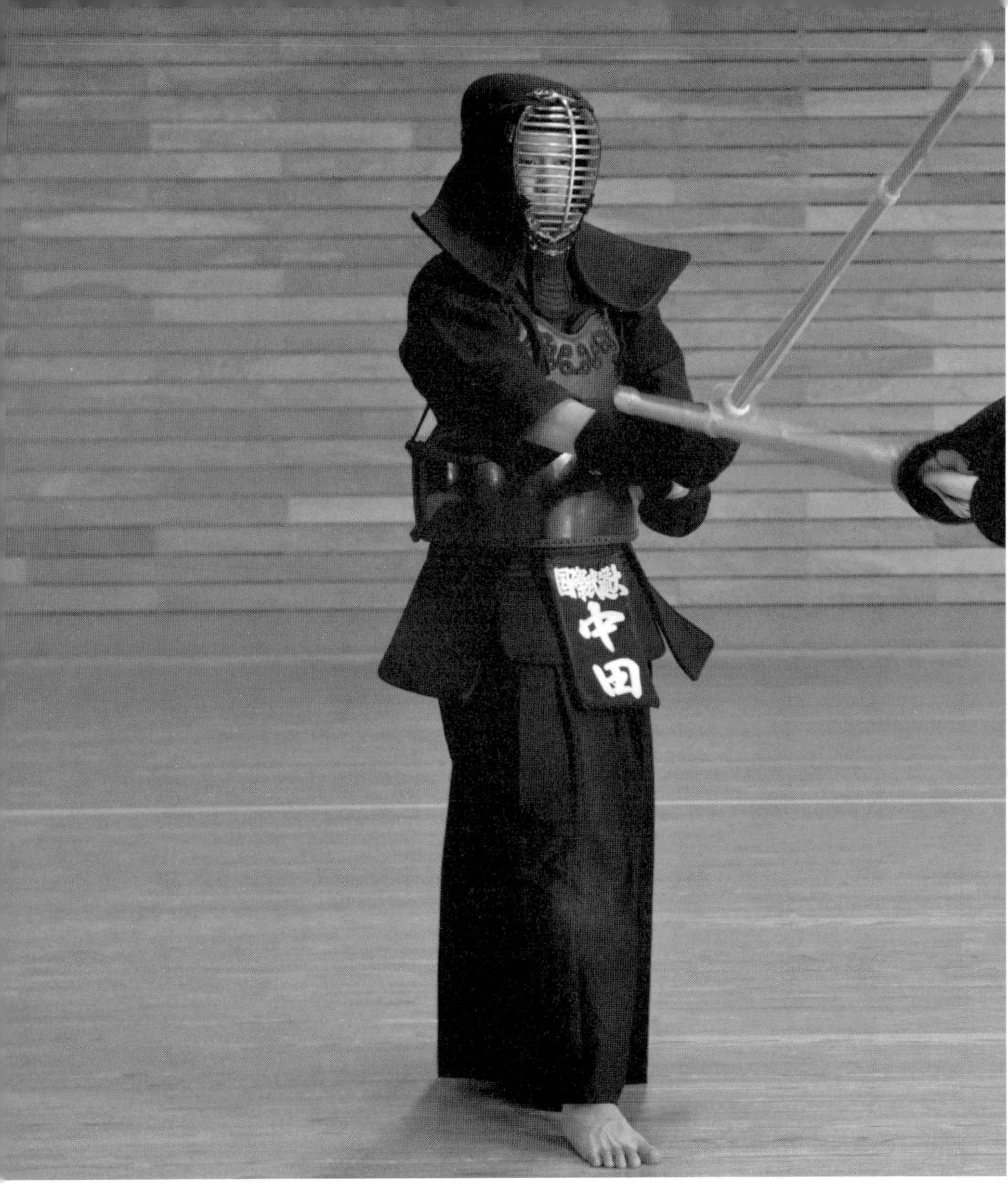

「応じ技」は相手の技を応じ、その力を利用して打つ技を言います。対人競技である剣道において、応じ技を習得することは剣道の幅を大きく広げることになります。相手の引き出し方や竹刀操作のポイントなど，応じ技を身につけるために必要な要素を、第3章で学んでいきましょう。

# 応じ技（応じていく技）とは

## 「受ける」のではなく「応じる」攻めるなかで相手を引き出て打つ

応じ技（応じていく技）とは、相手の技を応じて、その力を利用し打突する技の総称です。

「応じ技」という言葉からも読み取れる通り、相手の技に応じるということは、ただ「受ける」という意味ではありません。しかけ技と同じく積極的に攻め、相手を引き出す過程が大変重要です。引き出された相手は十分な体勢にないまま技を出しているので、そこに打突の好機が生まれます。

応じ技を身につけるためには、掛かり手はもちろん、元立ちも大きな役割を担っています。元立ちが真剣味のない打突をしていては、掛かり手も上手にその技を応じることができません。元立ちが一本にする気持ちで技を出していくからこそ、掛かり手も鋭く鮮やかな応じ技が可能になります。ただし、初心者の段階においては、まずは応じ技それぞれの形を身につけることが先決です。はじめは遠い間合からゆっくりと大きく正確な動作を習得させ、徐々に実戦的な鋭く速い技へと移行していきましょう。

## すり上げ技

「すり上げ技」は、相手が攻めて打ち込んできた竹刀を、自身の竹刀の表鎬、または裏鎬ですり上げて打ち込む技

## 返し技

「返し技」は、身体をさばきながら自身の竹刀で相手の打突を応じ、応じた側と反対側の部位を手を返して打つ技

## 抜き技

「抜き技」は、相手の打突を余したりかわしたりすることで空を打たせ、技や体の尽きたところを打つ技

## 打ち落とし技

「打ち落とし技」は、相手の攻撃をいったん打ち落としてすかさず打つ技

# 面すり上げ面（表）

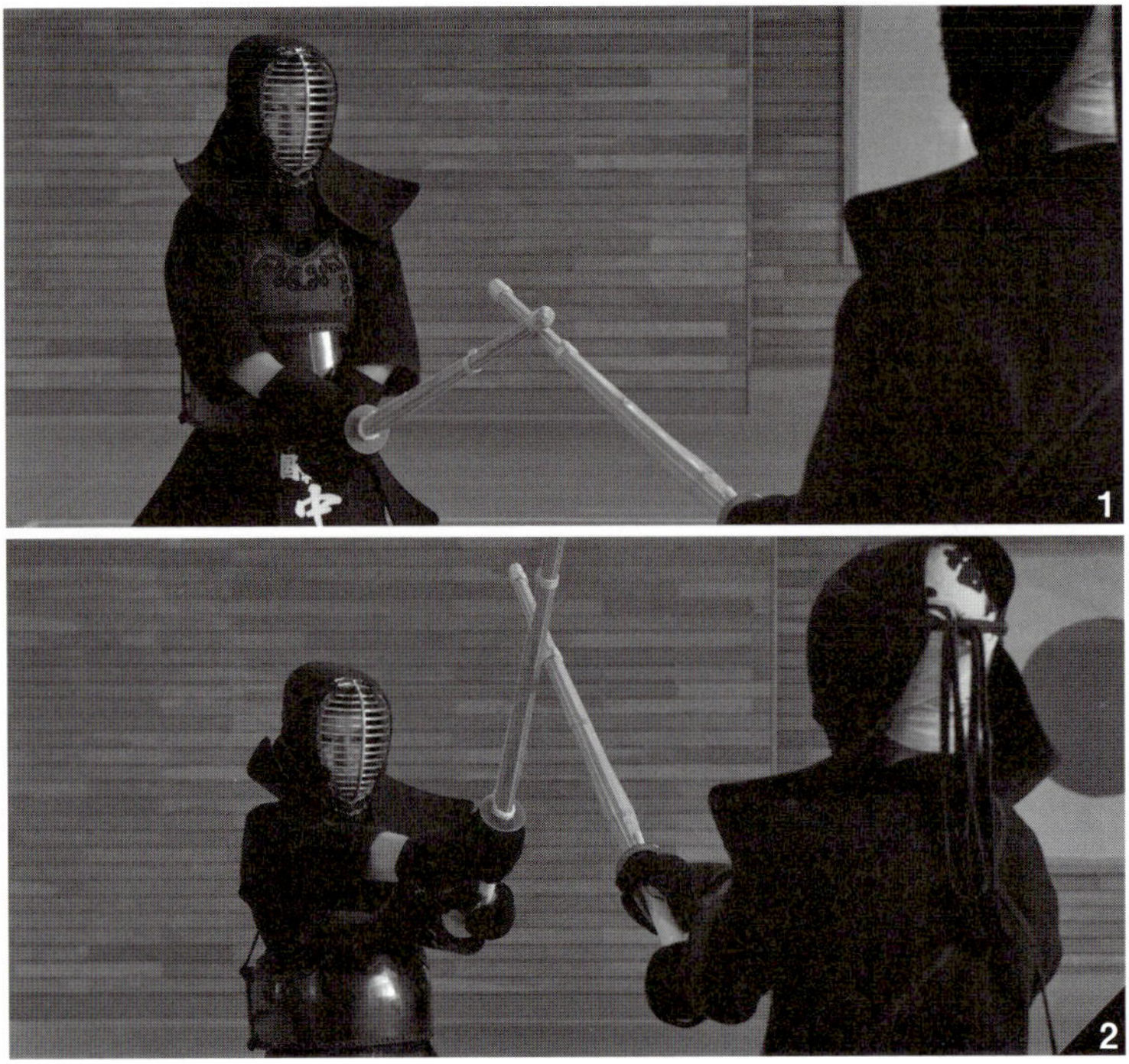

肩の力を抜いて下腹に力を込め、リラックスした状態ですり上げる。右手に力が入りすぎないように注意する

## 剣先が半円を描くように竹刀を使ってすり上げる

面すり上げ面は、相手が面にきたところを竹刀ですり上げつつ振りかぶり、そのまま面を打つ技です。すり上げは表鎬《しのぎ》（竹刀の左側）で行なう場合と、裏鎬（竹刀の右側）で行なう場合があります。

相手の面を表ですり上げるときのポイントは、払い技で説明した竹刀のつかい方と同じように、剣先が半円を描くようにして相手の竹刀をすり上げながら、こちらも竹刀を振り上げることです。半円の頂点まで剣先がきたら、手首のスナップを利かせて鋭く面を打ちます。

基本はすり上げながら身体を前に出して打ちますが、相手との間合によっては、後退したり、身体をやや開きながら打つこともあります。

1中段でお互いに構え合う

2～4相手が面に出てきたところを、竹刀の表ですり上げつつ振りかぶる

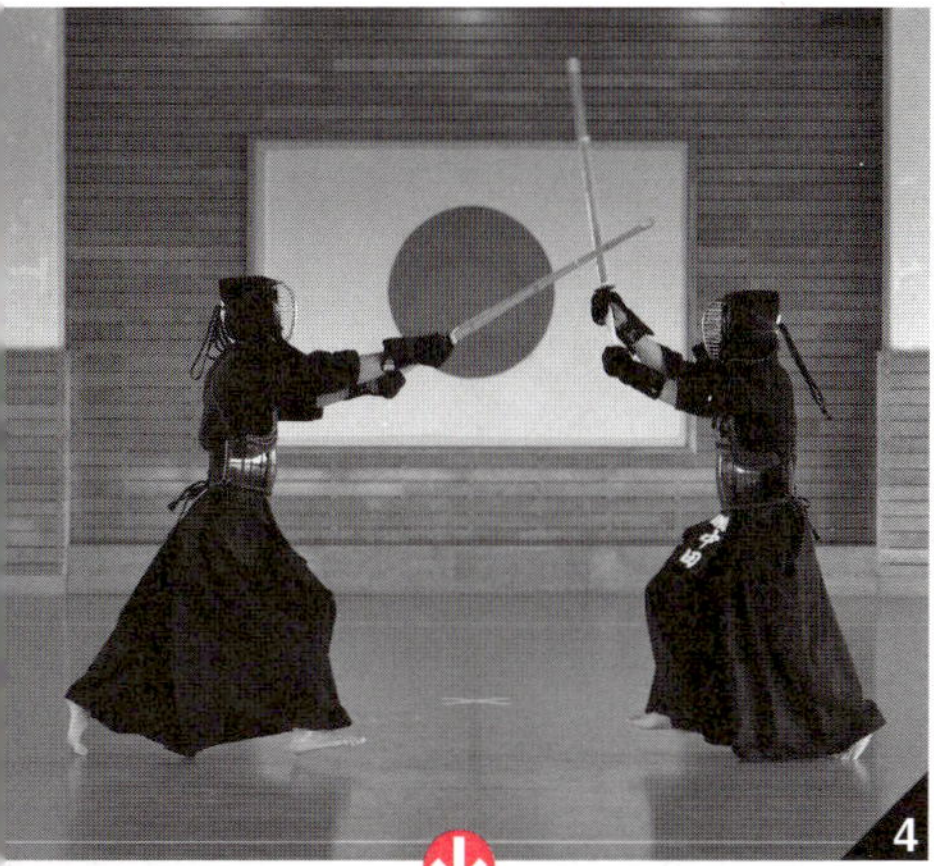


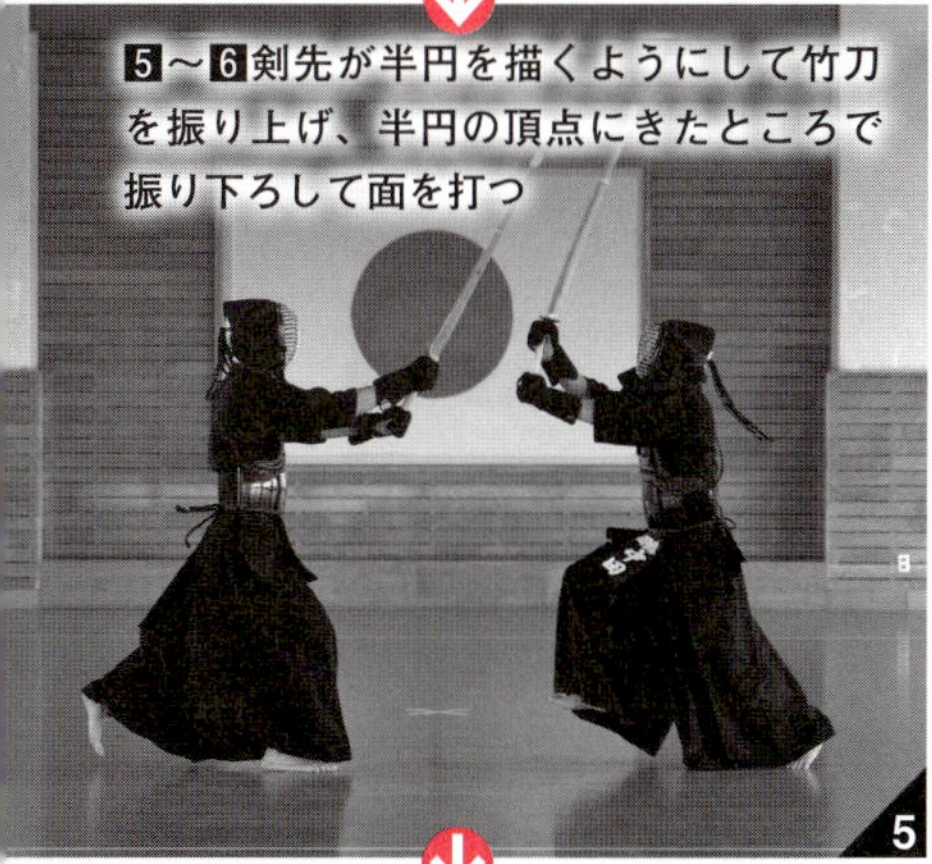


5～6剣先が半円を描くようにして竹刀を振り上げ、半円の頂点にきたところで振り下ろして面を打つ

すり上げ技

# 面すり上げ面（裏）

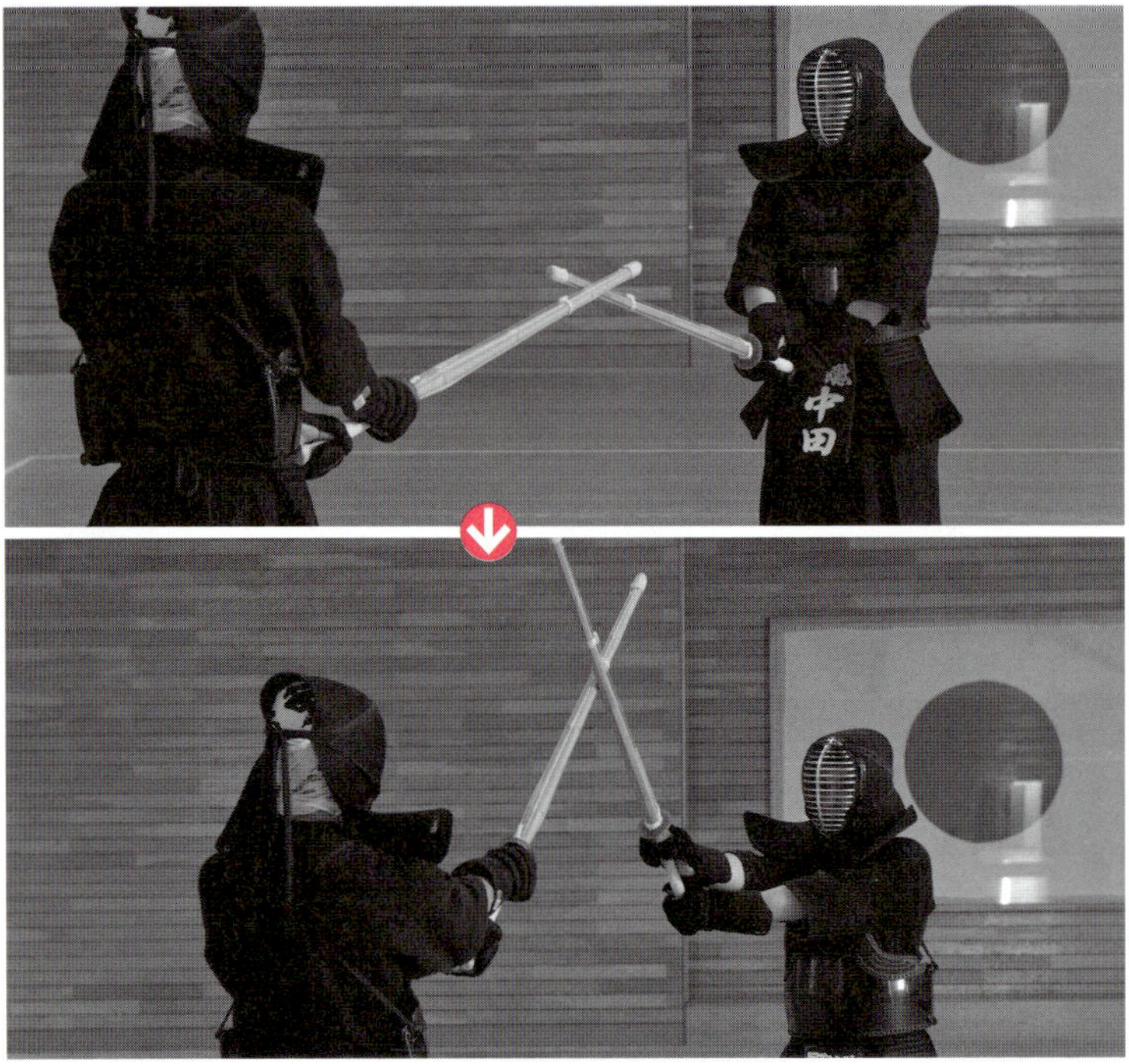

剣先が半円を描くように竹刀を使って、裏鎬ですり上げていく。相手の竹刀との接点に気持ちを乗せていく

## 待ってすり上げるのではなく自分から前進してすり上げる

面すり上げ面には、裏鎬（竹刀の右側）で相手の竹刀をすり上げる方法もあります。その場合も、表ですり上げるときと同じように、剣先が半円を描くように竹刀を使って相手の竹刀をすり上げていきます。

この技を成功させるポイントは、相手の面技を待ってすり上げるのではなく、前に出ながらすり上げていくことです。相手との間合が詰まるので、すり上げたのちは手首のスナップを利かせて鋭く相手の面を打ちこんでいきます。

すり上げ技は相手の動きに応じて、表裏のどちらも自在に使えるようにならなければなりません。初心者の段階では、間合をやや遠くとって稽古をするとよいでしょう。

❶中段でお互いに構え合う

❷〜❸自分から攻めて相手を面に誘い出す

❹〜❺剣先が半円を描くようにして竹刀を振り上げ、相手の竹刀を裏鎬（うらしのぎ）ですり上げる

❻半円の頂点にきたところで振り下ろして面を打つ

すり上げ技

# 面すり上げ小手

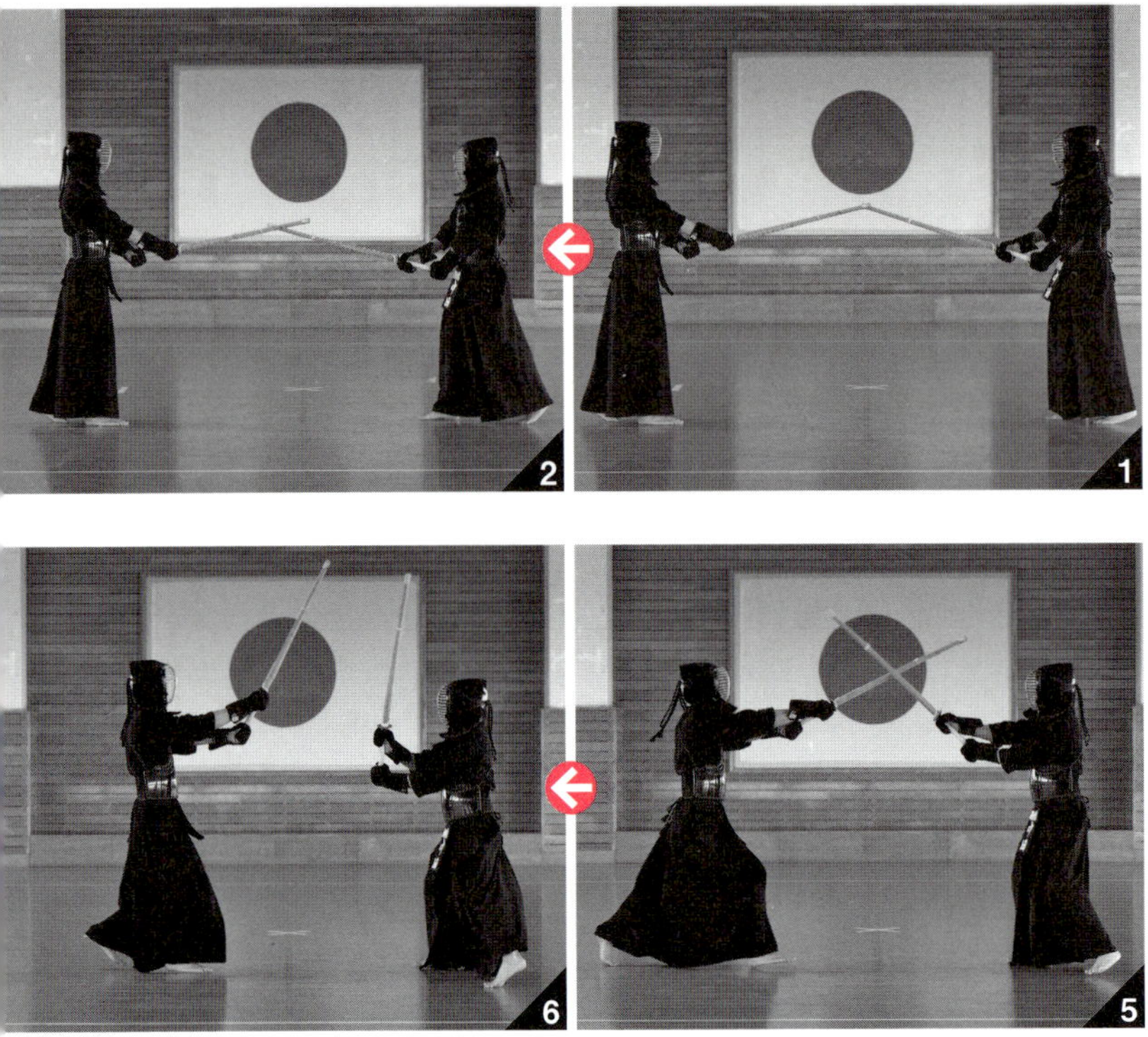

## 身体を左斜め後方に引き相手との間合を充分にとって打つ

面すり上げ小手は、面を打ってくる相手の竹刀を後方に引きながらすり上げ、隙をつくり出して小手を打つ技です。

この技で大事になるのは身体のさばき方です。間合を詰めて相手を面に誘い出すため、お互いの距離が接近します。その状態で普通に小手を打とうとすると、物打ちで部位をとらえることができません。成功させるポイントは、身体を左斜め後方に引き、相手との間合を十分にとって、物打ちで確実に小手をとらえることです。

早く打とうと思い、すり上げが小さい動作になってしまうと、うまく部位をとらえることができません。すり上げは大きく、体さばきで打つイメージで取り組んでみましょう。

1 中段でお互いに構え合う
2～3 自分から攻めて相手を面に誘い出す
4～6 身体を左斜め後方に引きながら、竹刀の裏鎬をつかって相手の竹刀をすり上げる
7 身体を相手に正対させて、適正な姿勢で小手を打つ

POINT

## 打突は相手に正対して行なう

身体を斜めにさばくときに気をつけておきたいのが、足先がどこを向いているかです。足先を相手に向けることで身体が正対し、正しい姿勢で打突することができます。適正な姿勢は有効打突の大事な要件ですから、相手と正対して打突することを心がけましょう。

すり上げ技

# 面すり上げ右胴

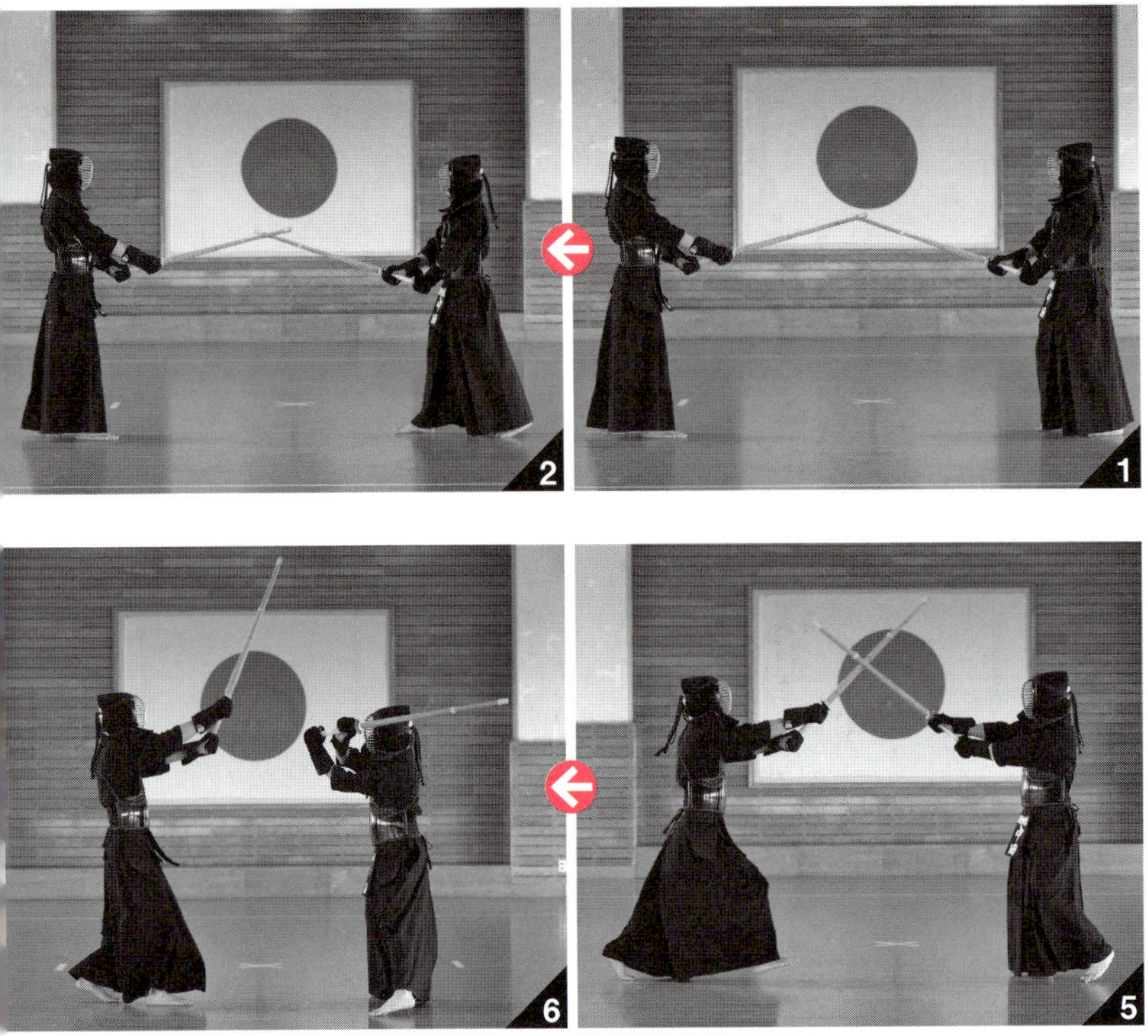


## 竹刀が円を描くように一連の動作で打突までつなげる

面すり上げ右胴は、面すり上げ小手と同じように、面にくる相手に対して身体を左斜め後方に引きながら相手の竹刀をすり上げ、そのまま隙のできた右胴を打ちます。

注意すべき点は他のすり上げ技と同じですが、この技でポイントとなるのはすり上げから打突までの一連の動作です。身体を左斜め後方に引きながら、竹刀の裏鎬をつかって半円を描くように相手の竹刀をすり上げ、そのまま円を描きながら相手の右胴を打っていきます。そうすることによってすり上げと打突が二段階にならず、一連の動作で相手を打つことが可能になります。稽古の段階では、大きな円を描くイメージですり上げから打突までを行なうとよいでしょう。

1中段でお互いに構え合う
2～4自分から攻めて相手を面に誘い出す
5～6身体を左斜め後方に引きながら、竹刀の裏鎬をつかって半円を描くように相手の竹刀をすり上げる
7円を描くように竹刀をつかい、相手の右胴を打つ

POINT

## 腰を入れて打突する

身体を後方に引きながらの胴技は、腰が引けるような体勢になりがちです。それでは打突に冴えが出ません。身体をさばいたあとも背筋を伸ばして腰を入れ、正しい姿勢で胴を打ちましょう。

しっかり
腰を入れる

すり上げ技

# 面すり上げ左胴

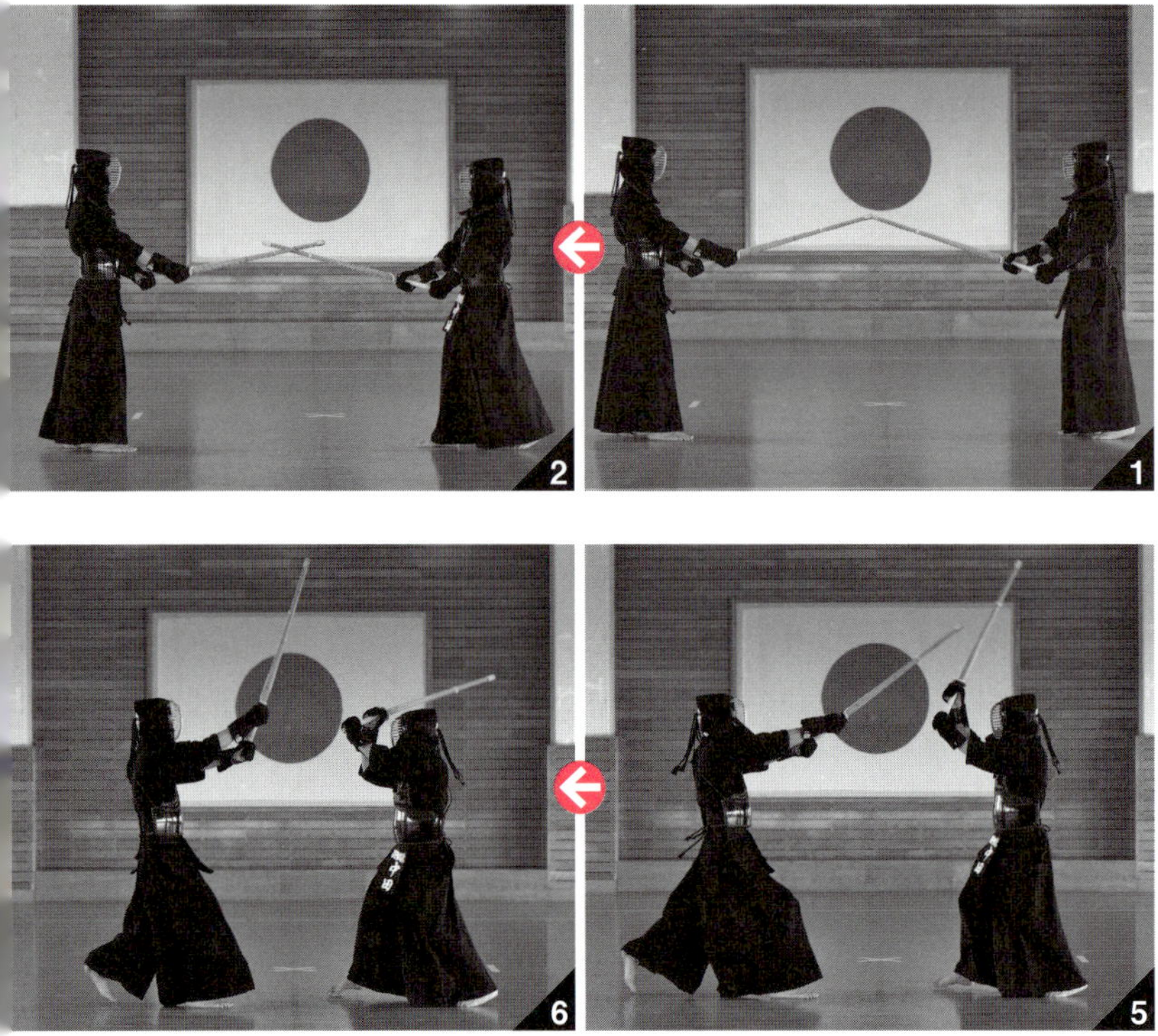


## 身体を右に開いて左足を引きつけると同時に打つ

面すり上げ左胴は、右胴とは反対に竹刀の表鎬で相手の面をすり上げ、そのまま円を描くようにして相手の左胴を打つ技です。

正面を打ってくる相手の竹刀を、身体を右に開きながら竹刀の表鎬で左斜め上にすり上げます。そのまま動きを途切れさせることなく、左足を引きつけると同時に左斜め下に打ち下ろして、相手の左胴を打ちます。

すり上げの瞬間はお互いが接近するため、身体を右に開くことで、技を出すために必要な間合を確保します。手の内を柔らかくし、すり上げから打突までがスムーズに行なえるように意識しましょう。打突の瞬間にしっかりと身体を整えることも大切です。

1中段でお互いに構え合う
2～3自分から攻めて相手を面に誘い出す
4～5身体を右に開きながら、竹刀の表鎬をつかって相手の竹刀を左斜め上にすり上げる
6～7円を描くように竹刀をつかい、相手の左胴を打つ

POINT

## 左足を鋭く引きつける

すり上げからの左胴打ちは、身体を横に開くため体勢がくずれやくなります。打突の瞬間は左足を鋭く引きつけて、正しい姿勢を維持することを心がけましょう。相手に正対することも忘れてはいけません。

すり上げ技

# 小手すり上げ面

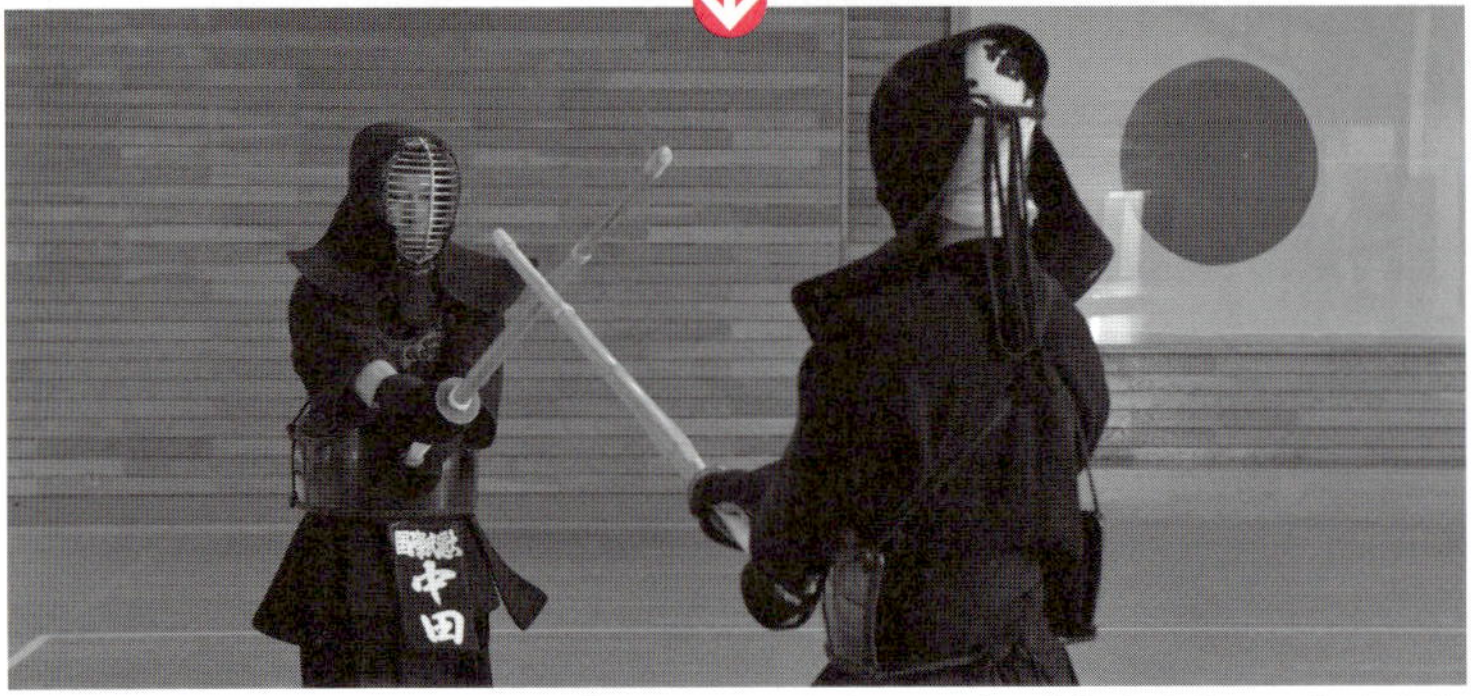


小手のすり上げは、面をすり上げるときよりもすり上げの動作を大きめに行なうと良い。相手の技を迎えるような気持ちを持つ

## 相手の小手を迎えるように大きめの動作ですり上げる

小手すり上げ面は、相手の小手打ちを竹刀の裏鎬ですり上げ、そのまま振りかぶって相手の正面を打つ技です。

この技を習得するためのポイントは、面すり上げ面よりも少し大きめにすり上げることです。すり上げと振りかぶりを一連の動作で行なうことで、無駄なく相手の面を打つことができます。相手の技を迎えるような気持ちで行なうと、確実に小手をすり上げられるようになります。

すり上げるときは足さばきに注意し、腰が引けてしまわないようにしましょう。相手の小手をすり上げたら、少しの間もおかず、すぐさま相手の面を打ちます。相手との間合によっては、後退してすり上げる場合もあります。

1中段でお互いに構え合う

2～4相手が小手に出てきたところを、竹刀の裏ですり上げつつ振りかぶる

5～6相手の竹刀をすり上げたら、間をおくことなく相手の正面を打つ

# 小手すり上げ小手

❶中段でお互いに構え合う

❷〜❸自分から攻めて相手を小手に誘う

## 手の内を柔らかくつかい小さく速くすり上げる

小手すり上げ小手は、小手を打ってくる相手の竹刀を裏鎬で小さくすり上げ、すかさず小手を打つ技です。お互いに構え合った状態から相手を小手に誘い、打突してきたところを迎えるようにして裏鎬ですり上げます。このとき大事になるのがすり上げのタイミングです。面打ちと小手打ちとでは相手の打突動作に大きな違いが出てきます。手の内を柔らかくつかい、小さく速くすり上げましょう。すり上げたあとは、手首のスナップを利かせて鋭く小手を打ちます。

打突時の身体のさばき方は、左足から一歩左方向に身体を開き、右足を左足に引きつけると同時に打突します。相手との間合によっては、その場ですり上げて打つ場合もあります。

4〜6 身体を左方向に開きながら、相手の小手を裏鎬で小さくすり上げる

7〜8 右足を左足に引きつけると同時に、鋭く小手を打つ

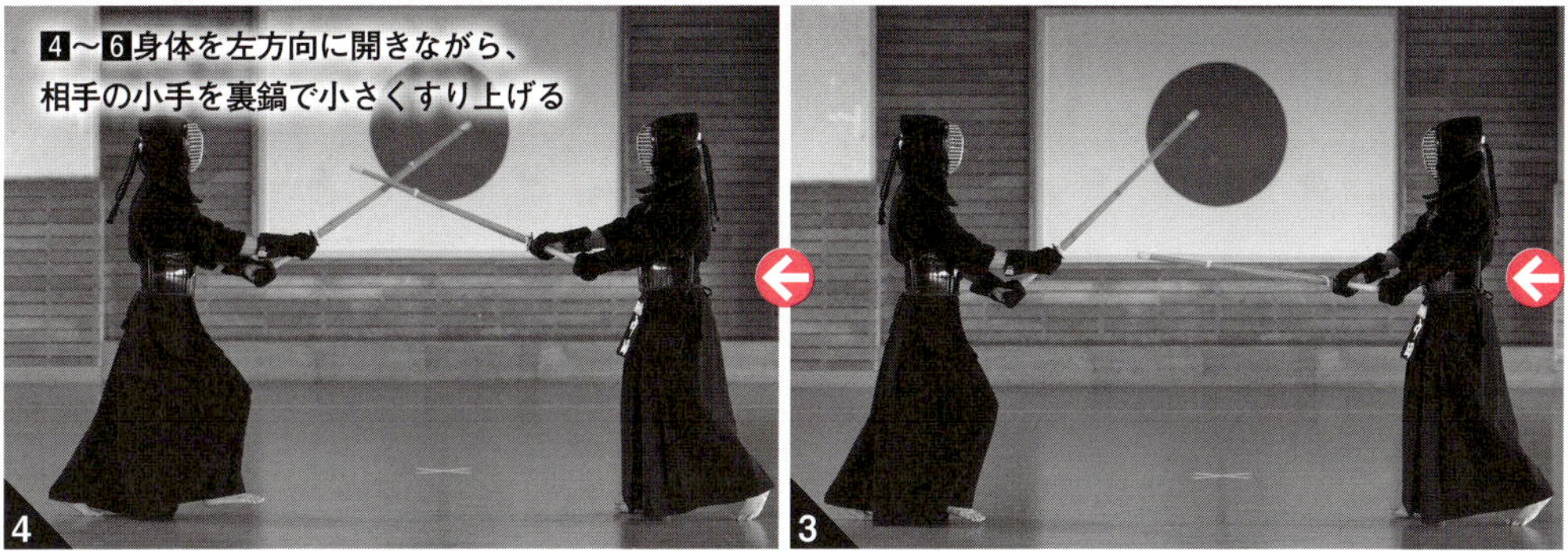

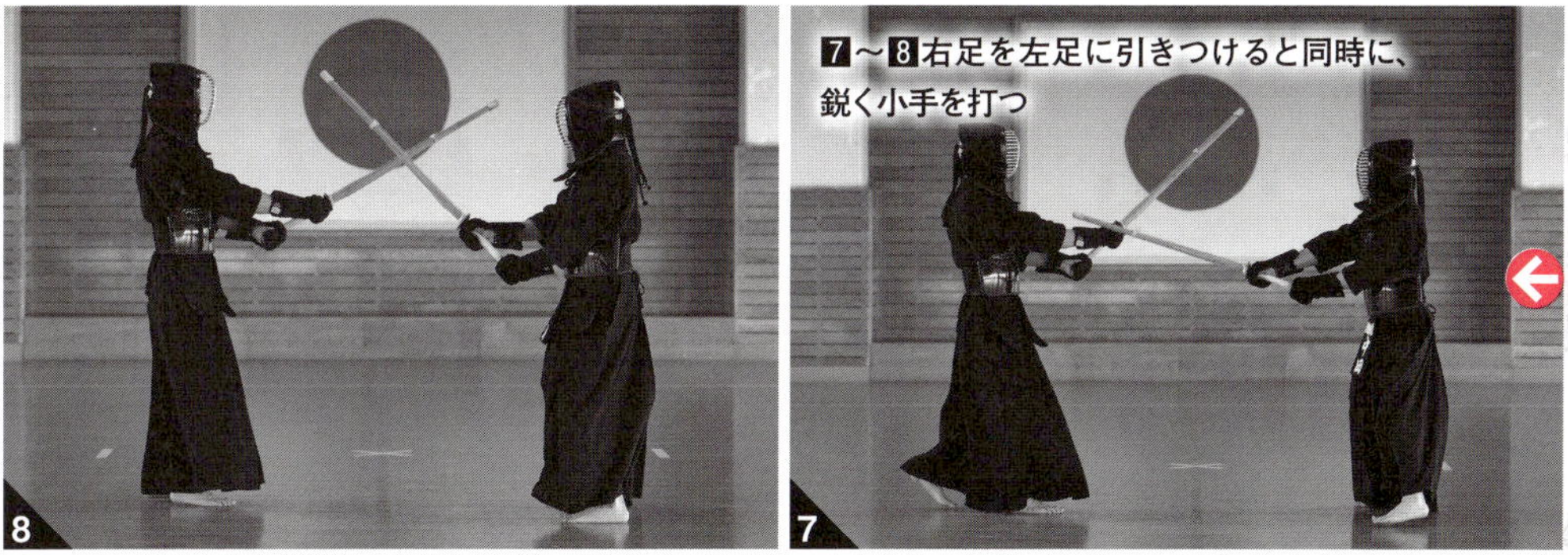

> **POINT** 前に出てすり上げない
>
> 小手すり上げ小手は、相手の小手を前に出てすり上げると、間合が詰まりすぎてしまいます。基本は一歩左方向に身体を開いてからすり上げる方法です。熟練してくればその場で踏み出すようにして小手をすり上げましょう。

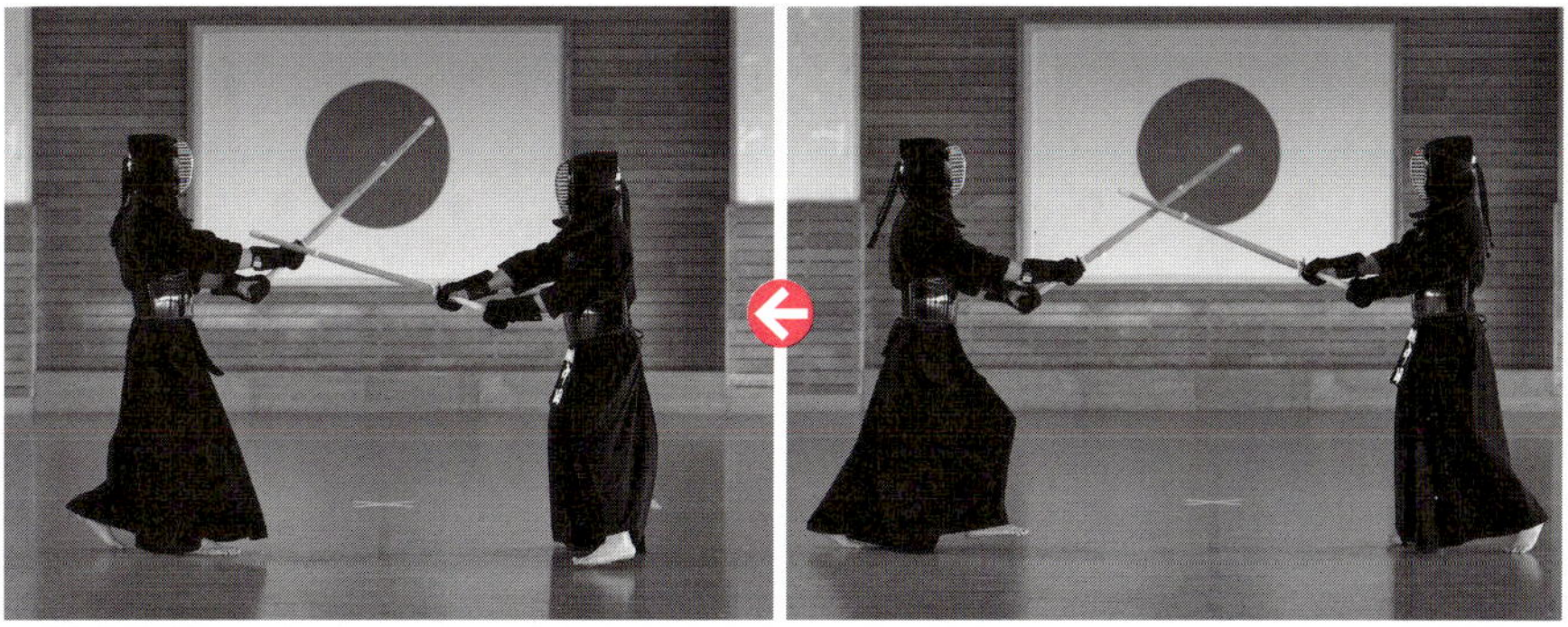

# 面返し面（右面）

竹刀の裏鎬ですり上げるようにして応じる。応じたのちは、すぐさま竹刀を返していく

## 表鎬ですり上げるように応じ身体を開くと同時に竹刀を返す

「面返し面」や「面返し胴」に代表される「返し技」は、打ち込んできた相手の竹刀を迎えるようにして応じ、すぐさま竹刀を返して応じた側とは反対側の部位を打つ技です。相手の力を利用して打つ意識を持つことが大切です。

面返し面には、相手の右面と左面を打つ場合があります。右面を打つ場合には、正面を打ってくる相手に対し、左足を左斜め前に出しながら表鎬ですり上げるようにして応じます。その後、身体を開くと同時に竹刀を返し、右足を引きつけて相手の右面を打ちます。

相手の打突の方向をよく見極め、力を利用して返すことを心がけましょう。応じるまでは緩やかに、返しは電光石火の勢いで行います。

1中段でお互いに構え合う

2〜3相手の面を、開き足で身体をさばきながら表鎬で応じる

4〜5身体を開くと同時に鋭く竹刀を返す

6相手の右面を打つ

返し技

# 面返し面（左面）

竹刀の裏鎬で応じたのちは、すぐさま竹刀を返して相手の左面を打つ。応じから返しのスピードが重要になる

## 手の内を柔らかくつかい応じると同時に返して打つ

相手の左面を打つ面返し面は、右足を右斜め前に出しながら裏鎬ですり上げるようにして応じます。その後身体を開くと同時に竹刀を返して相手の左面を打ちます。

習得のポイントは右面を打つ場合と同じですが、返し技はその場で応じるのではなく、必ず身体をさばいて打つことが大事になります。この技の場合は開き足をつかって身体をさばくことで、打突するときに必要な間合をとります。

表鎬での返しに比べ、裏鎬で相手の面を返すのはとてもむずかしい技術です。手の内を柔らかくつかい、応じたらすぐさま返しに移行できるように、応じから返しの一連の流れをよく稽古しておきましょう。

1中段でお互いに構え合う

2～3相手の面を、開き足で身体をさばきながら裏鎬で応じる

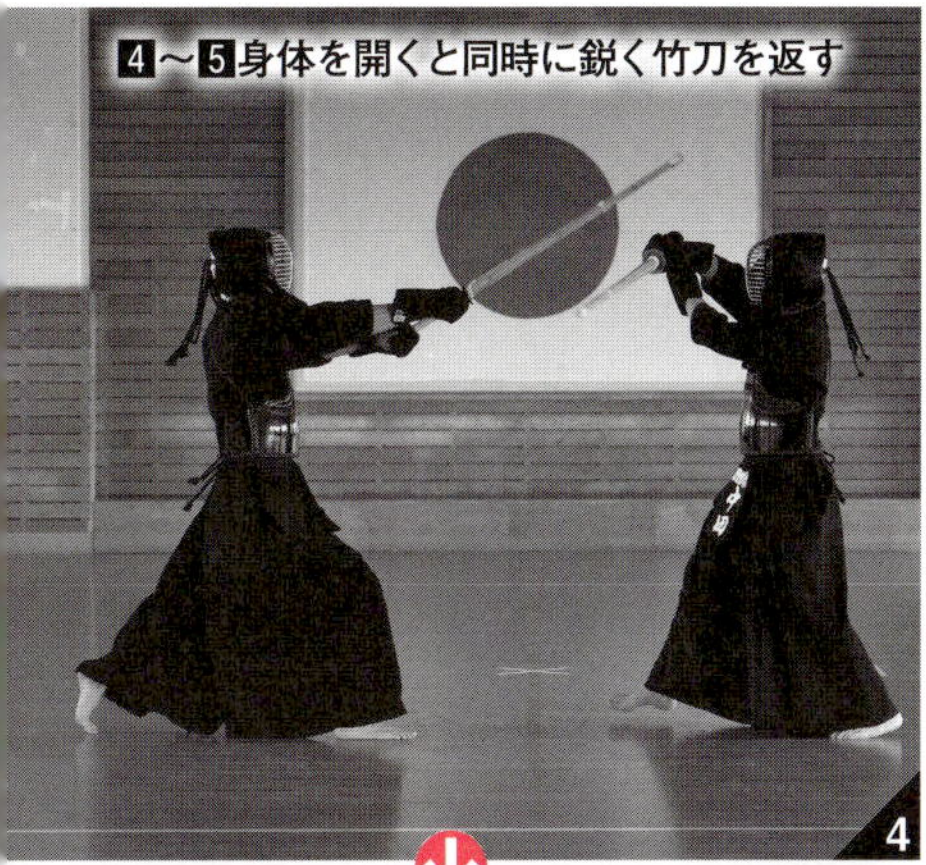

4～5身体を開くと同時に鋭く竹刀を返す

6相手の左面を打つ

返し技

# 面返し胴（右胴）

できる限り相手との距離をとって応じる。応じたのちは、体さばきで相手の面をかわしながら右胴を打つ

## 竹刀の中程より前で応じ面をかわしながら竹刀を返す

面返し胴は、正面を打ってくる相手に対して、右足を右斜め前に出しながら竹刀の表鎬ですり上げるようにして応じ、面技をかわしながら竹刀を返して相手の右胴を打ちます。返し技のなかでもよくつかわれる技の一つです。

この技で気をつけておきたいのは、面を応じる位置です。相手との距離が近い状態で面を応じてしまうとうまく竹刀を返すことができません。目安としては、竹刀の中程よりも前で相手の面を応じることができれば、スムーズな竹刀の返しが可能になり、物打ちで確実に打突部位をとらえることができます。

通常は右足前で胴を打ちますが、場合によっては左足前で打つこともあります。

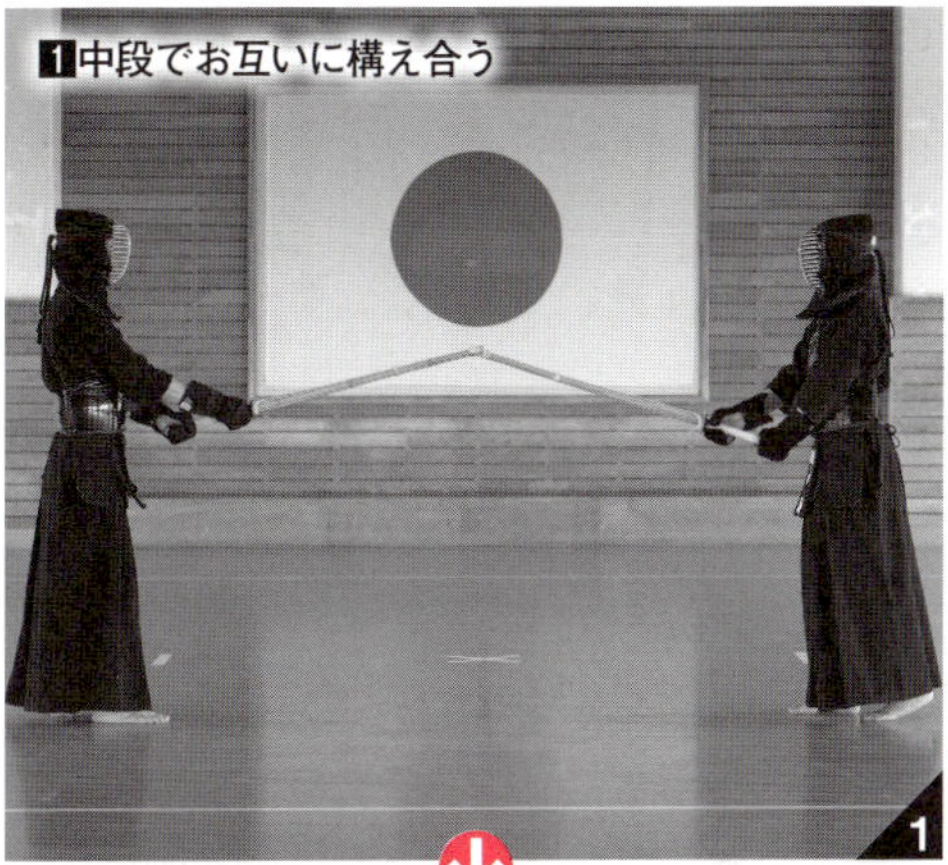
1中段でお互いに構え合う

2〜3相手の面を竹刀の中程より前で応じる

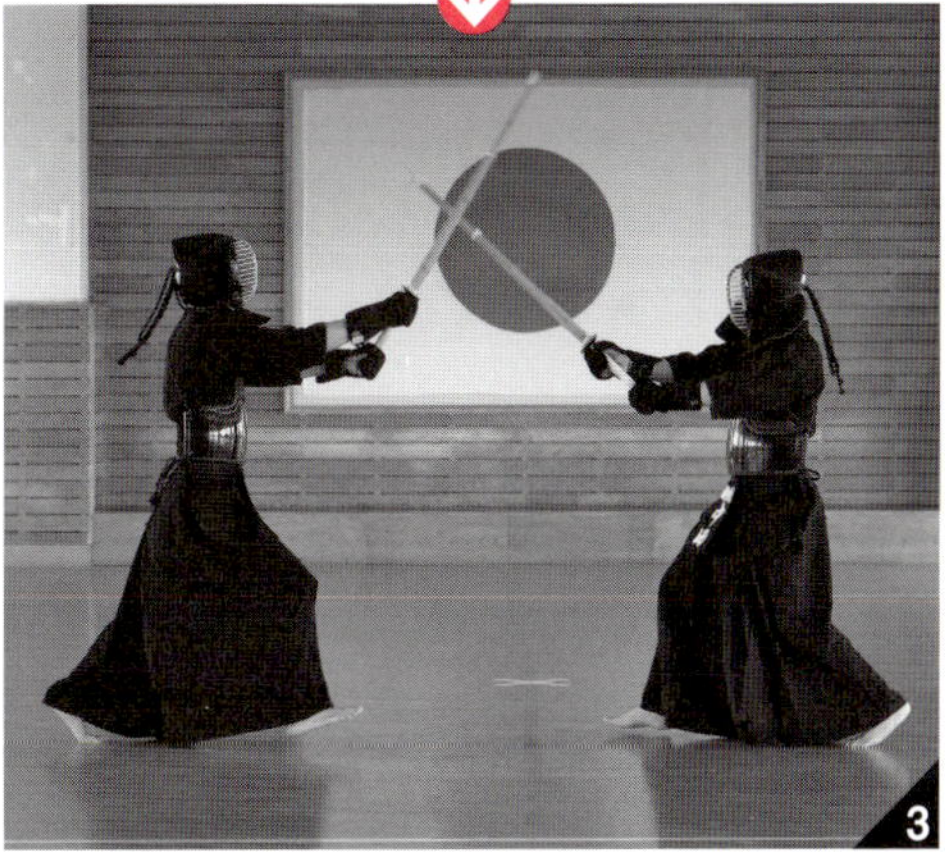

4〜5相手の面をかわしながら、鋭く竹刀を返して右胴を打つ

6左足を引きつけて体勢を整える

返し技

# 面返し胴（左胴）

1

2

5

6

## 上に押し上げる気持ちで相手の竹刀を応じて返す

面返し胴には左胴を打つパターンもあります。正面を打ってくる相手に対して、右足を右斜め前に出しながら裏鎬で応じ、すかさず竹刀を返して左胴を打っていきます。

この技で注意しておきたいのは、応じるときの状態です。身体を引くのではなく、必ず前で応じることを心がけましょう。相手の竹刀を上に押し上げるようなイメージを持つとよいと思います。

相手の面を応じたあとは、技の力を利用して竹刀を返していきます。手の内を柔らかく保って、スムーズに竹刀を返します。応じと返しが二段階の動きにならないよう、一連の動作で行なうことを意識しましょう。打突は刃筋を意識し、確実に物打ちで打突部位をとらえられるようにします。

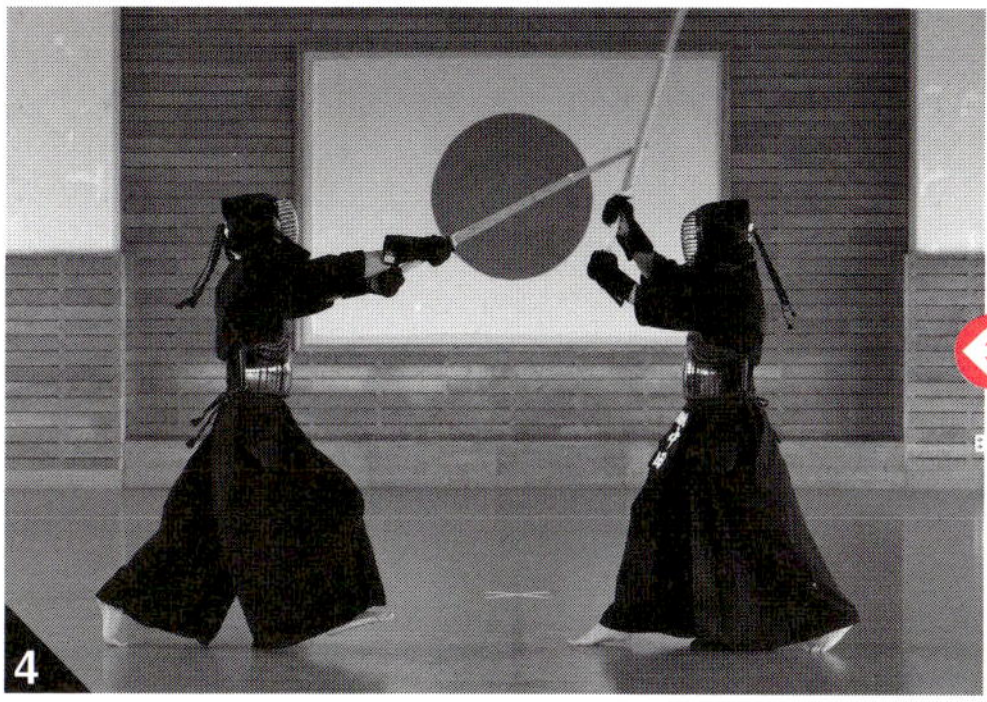

❶中段でお互いに構え合う
❷自分から攻めて相手を面に誘う
❸〜❹右足を右斜め前に出しながら、相手の竹刀を上に押し上げるようにして応じる
❺〜❼素早く竹刀を返して、刃筋正しく相手の左胴を打つ

## POINT 左胴は刃筋を意識する

左胴を打つ場合におろそかになりがちなのが、刃筋の意識です。面を応じたら素早く竹刀を返し、斜め 45 度の角度で相手の左胴を打っていきましょう。このとき、体勢がくずれやすいので、しっかりと背筋を伸ばすことも意識しておきます。

返し技

# 小手返し面

剣先を大きく開き、竹刀の中程より手元側で相手の小手を応じる。その後、すぐさま竹刀を返して相手の裏にまわる

## 竹刀の中程より手元側で受け 右こぶしをひねるようにして返す

小手返し面は、相手が小手を打ってくるところを、剣先を下げつつ表鎬で応じ、素早く竹刀を返して面を打つ技です。

小手を返すポイントは、相手の技を待つのではなく、前に出て受けることです。剣先を大きく開き、竹刀の中程より手元側で受けることで、スムーズに竹刀を返すことができます。右こぶしをひねるようにして剣先を下げ、竹刀の表鎬に相手の竹刀を乗せるようにして応じ、右足を踏み込みつつ竹刀を返して面を打ちます。

相手が小手を打って前に出てきているため、こちらはあまり前に出る必要はありません。右足はその場で踏みこむようにして、相手との間合を調整するとよいでしょう。

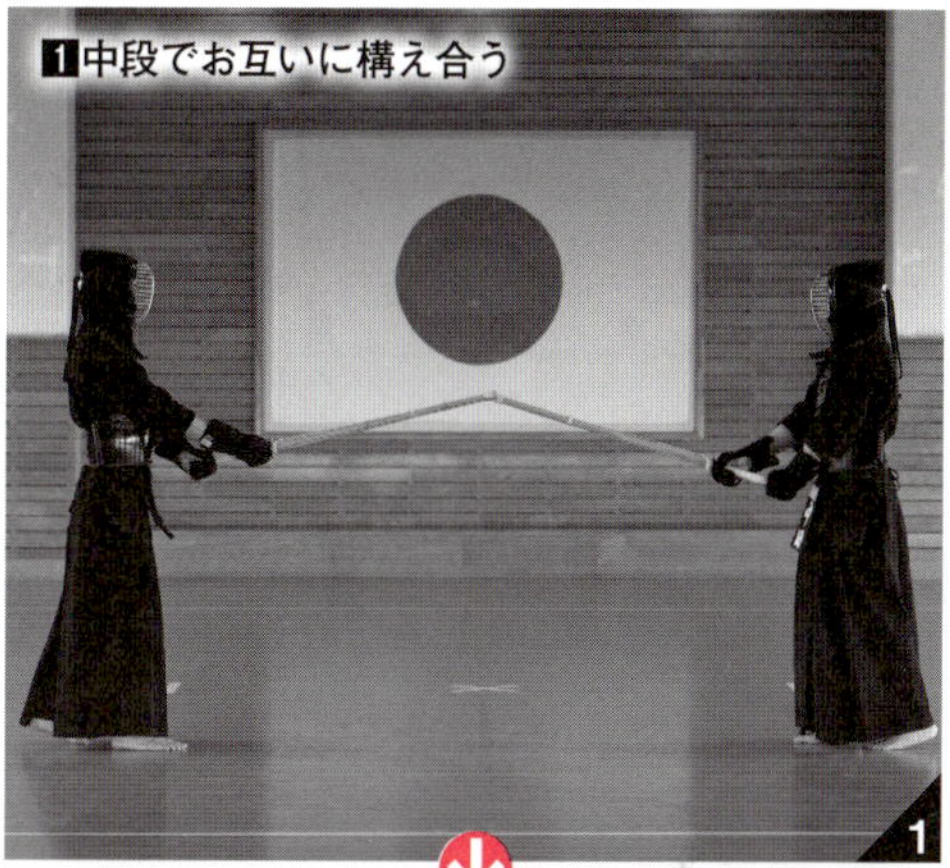


1中段でお互いに構え合う

2～3相手を誘い出して小手を打たせ、竹刀の表鎬で応じる

4～6素早く竹刀を返して剣先を裏にまわし、右足を踏み込んで面を打つ

## 返し技

# 小手返し小手

**1** 中段でお互いに構え合う

**2〜3** 自分から攻めて、相手に小手を打たせるよう引き出す

**5〜7** 素早く竹刀を返して剣先を裏にまわし、右足を踏み込んで小手を打つ

## 左斜め後方に身体をさばきながら鋭く竹刀を返して小手を打つ

小手返し小手は、小手返し面と同じく相手が小手を打ってくるところを竹刀の表鎬で応じ、素早く竹刀を返して小手を打つ技です。

お互いに構え合ったところから攻め、相手が小手を打ってくるように引き出します。小手を打ってくるたら、左斜め後方に引きながら剣先を下げ、竹刀を開いて表鎬で相手の技を応じます。その後、鋭く竹刀を返して小手を打ちます。

注意しておきたいのは、応じる瞬間に腰を引いてしまわないことです。腰を引いてしまうと、瞬時に竹刀を返すことができなくなります。打突は手首のスナップを十分に利かせて冴えを生み出しましょう。

4左斜め後方に引きながら剣先を下げ、竹刀の中程より手元側で相手の小手を応じる

7

8相手に正対して残心をとる

POINT

## 間合に応じて身体をさばく

小手返し小手は身体を左斜め後方にさばきながら、相手の小手を応じます。相手によって踏み込んでくる距離が違うので、身体をさばく距離で相手との間合を図り、竹刀の物打ちで確実に部位をとらえられるようにしましょう。

物打ちで
とらえる

抜き技

# 面抜き面

## 身体を開いて抜く場合

相手の面に対し、振りかぶりながら右斜め前に踏み出して空を打たせる

## 相手の面に空を打たせ その隙を逃さずに面を打つ

抜き技は、相手の打突をかわす、もしくは余すなどして空《くう》を打たせ、その隙をとらえる技です。とくに、技の尽きたところや身体の止まったところなどに行なうと効果的です。

面抜き面は、抜き技のなかでは初心者が一番最初に覚える技だと思います。竹刀を振りかぶりつつ左足から一歩後退し、相手の面に空を打たせます。そして、相手が体勢をくずしている隙に一歩踏み込んで面を打ちこんでいきます。

また、面抜き面には、身体を開いて相手の面をかわす方法もあります。相手の面を、右足をわずかに右斜め前に出してかわし、すれ違いざまに振りかぶって面を打ちます。こちらは上級者の技と言えるでしょう。

1中段でお互いに構え合う

1

2～3相手の面に対して、振りかぶりながら一歩後退して空を打たせる

2

3

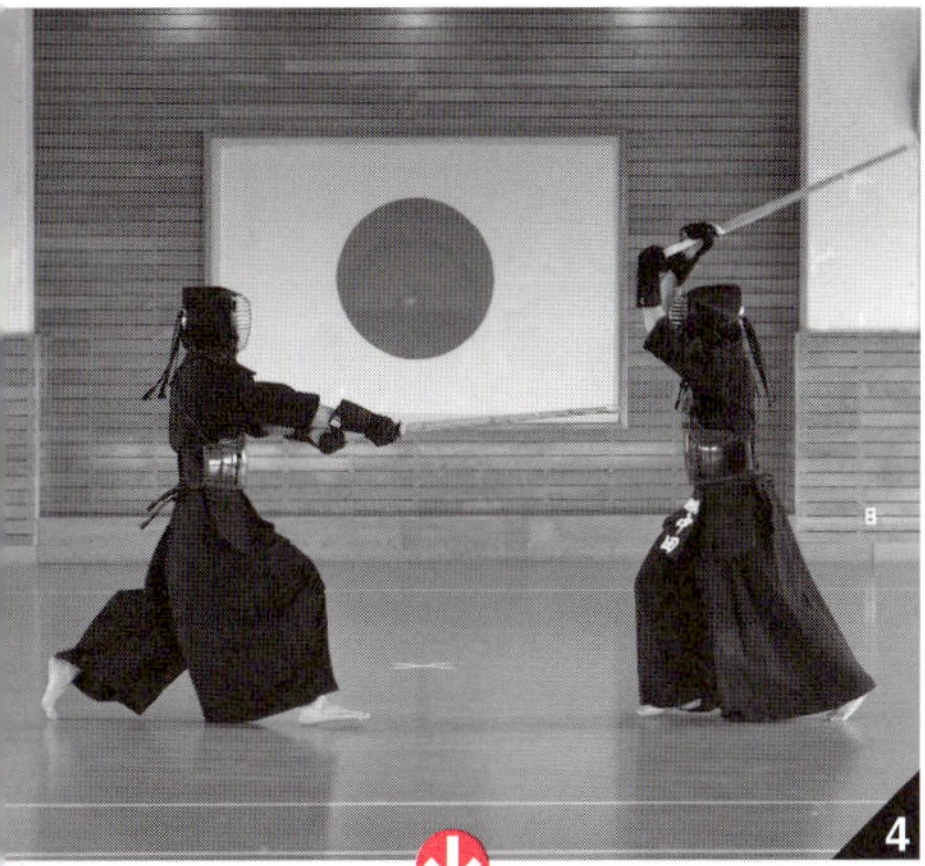

4

5～6相手の技が尽きたところにすかさず面を打つ

5

6

抜き技

# 面抜き胴

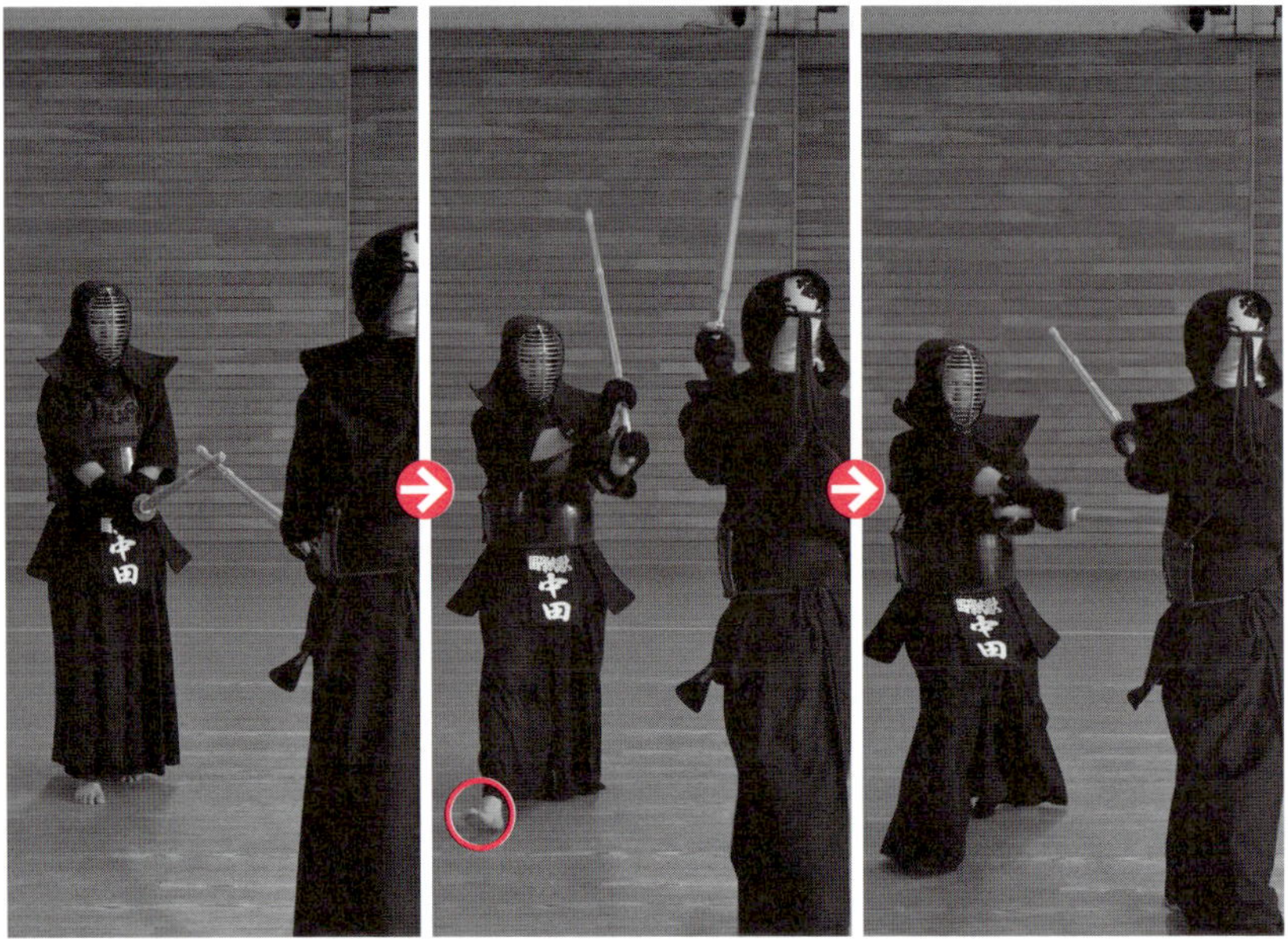


相手の面を、右足を右斜め前に踏み出して身体をさばくことによりかわす。相手に面を打たせる攻めが必須になる

## 自ら攻めて相手の面を引き出し動作を起こした瞬間に胴に変化する

面抜き胴は、相手の正面打ちに対し、右足を右斜め前に踏み出しながら身体を開いて面打ちをかわし、すれ違いざまに相手の右胴を打つ技です。

抜き技全般に言えることとして、相手に技を抜こうという気持ちを察知されてしまうと、自分の思い通りになりません。前提として、相手に技を出させる攻めや誘いが必須になります。面抜き胴においても、構え合った段階から胴を抜こうという気持ちが強く出ていては、相手は面を打ってきません。攻めて相手を引き出し、動作を起こした瞬間を狙って胴に変化しましょう。

身体を開いて面をかわしたとき、相手は両腕が伸びきった、いわゆる「技の尽きた状態」となっているはずです。その隙を逃さず、刃筋正しく右胴を打っていきましょう。

1 中段でお互いに構え合う

2～4 攻めて相手の面を引き出し、右足を右斜め前に踏み出して空を打たせる

5～6 刃筋正しく右胴を打ち、左足を引きつけて残心をとる

抜き技

# 小手抜き面

相手が小手にくるところをぎりぎりまで我慢し、部位に当たる寸前で一気に竹刀を振り上げて抜く

## ぎりぎりまで抜く動作を我慢し一気に竹刀を振り上げて空を打たせる

小手抜き面には、一歩後方に下がりながら相手の小手を余す場合と、その場で竹刀を振り上げて小手をかわす場合の二種類が主としてあります。ここではその場で抜く方法を説明します。

まずは攻め合いのなかで相手の小手技を誘います。このとき、相手の打ち出しを察知してすぐさま抜こうとすると、相手も途中で技を止め、防御姿勢をとってしまいます。抜く動作はぎりぎりまで我慢し、機会をとらえて一気に竹刀を振りかぶって、相手に空を打たせます。抜くときは重心が後傾しないように注意しましょう。

相手の小手が空を打ったとき、こちらはすでに振りかぶった状態にあるので、そのまま竹刀を振り下ろして面を打ちます。

1 中段でお互いに構え合う

2～4 相手の小手を、竹刀を振り上げることでかわす

5～6 振りかぶりと打突が一連の動作になるように、相手が空を打った瞬間を見計らって面を打つ

抜き技

# 面抜き小手

相手の面打ちに対して、左足をわずかに左斜め後にさばき、同時に竹刀は下から円を描くように抜くとよいでしょう。

## 身体のさばきと同時に下から円を描くように竹刀を抜く

面抜き小手は、相手の面打ちに対して身体を左にさばくことで空を打たせ、隙のできた小手を打つ技です。

小手抜き面と同じように、この技も相手の動き出しに合わせて抜こうとしては、相手にその気配を察知されてしまいます。身体のさばきをぎりぎりまで我慢して、打たれる瞬間に素早く竹刀を振り上げながら左に身体をさばきましょう。打突は身体と竹刀の方向を一致させ、刃筋正しく打つことが大切です。

❶中段でお互いに構え合う

❷〜❸相手に面を打たせるように誘いをかける。体さばきはぎりぎりまで我慢する

❹〜❻身体を左にさばいて相手の面に空を打たせ、すかさず右足を左足に引きつけて小手を打つ

打ち落とし技

# 面打ち落とし面

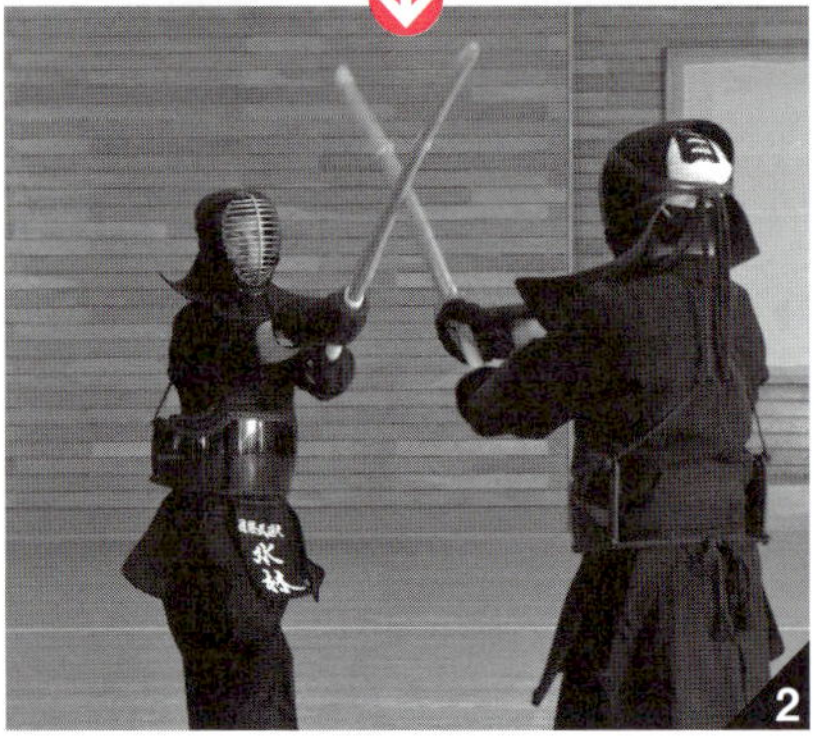

1〜3相手の太刀筋や竹刀の速さに応じて、上から押さえるようにして打ち落とす

## 相手の面打ちより大きく振りかぶって打ち落とす

「打ち落とし技」は、別名「切り落とし技」とも言います。相手の打突を自分の竹刀で右下や左下に打ち落とし、そのまま打突していきます。相手の太刀筋や竹刀の速さに応じて、的確に打ち落とす技術が必要になります。

面打ち落とし面は、打ち落とし技のなかでも一番オーソドックスな技と言えるでしょう。相手が面にくるところを、さらに大きく振りかぶって上から打ち落とし、隙をつくり出します。このとき、手だけで竹刀を打ち落とそうとするのではなく、身体ごと押さえるようにして打ち落とす意識を持つとよいと思います。竹刀を打ち落とされた相手は無防備の状態になるので、そのまま面を打っていきます。

1 中段でお互いに構え合う

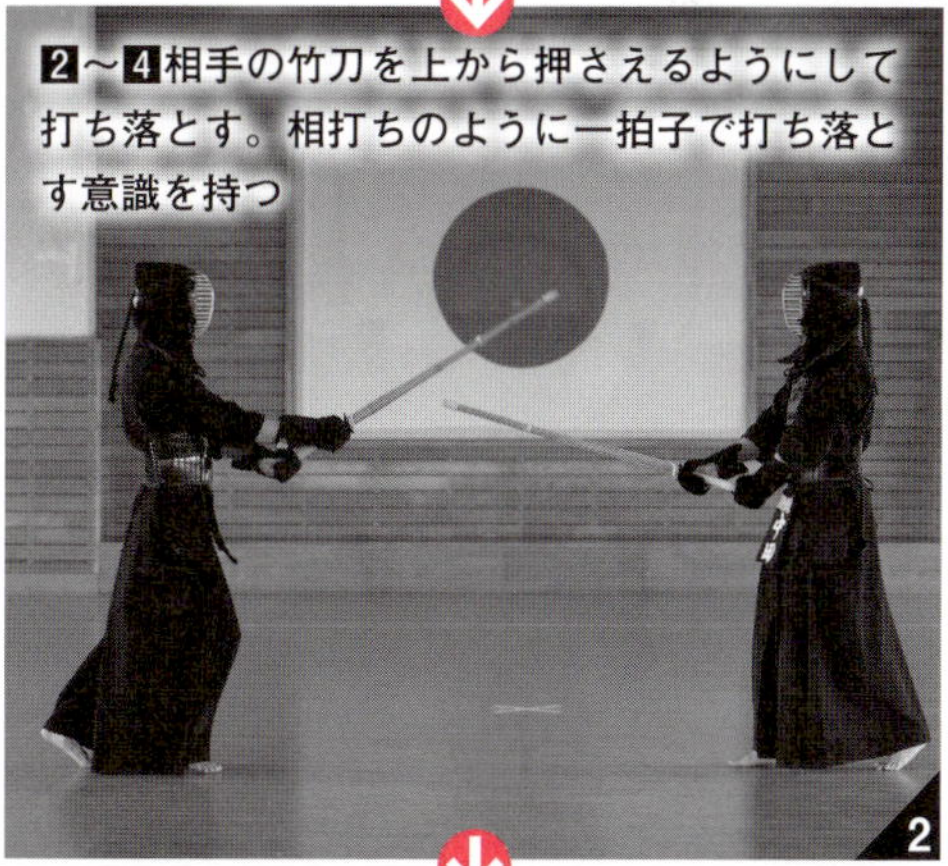
2～4 相手の竹刀を上から押さえるようにして打ち落とす。相打ちのように一拍子で打ち落とす意識を持つ

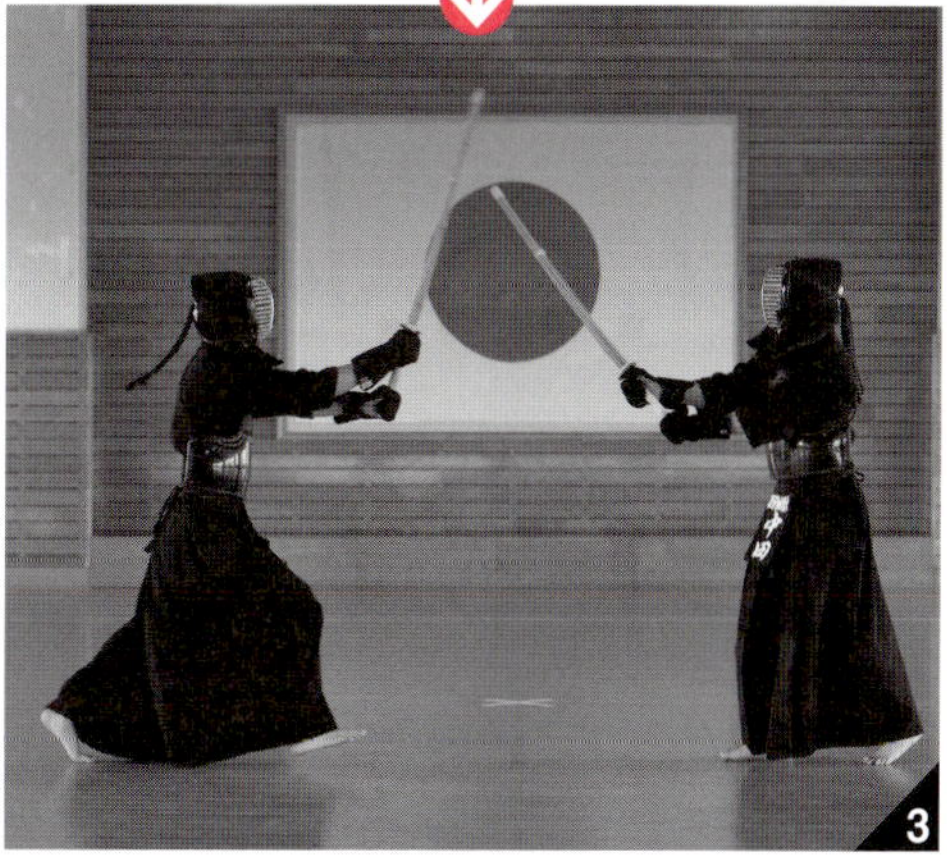

5～6 相手が防御姿勢をとる前に、すぐさま面を打つ

打ち落とし技

# 小手打ち落とし面

身体を左にさばきながら、腰のひねりを利用して相手の竹刀を強く打ち落としていく

## 腰のひねりを利用して強く相手の竹刀を打ち落とす

小手打ち落とし面は、小手を打ってくる竹刀の刃部をつかって右斜め下に向かって打ち落とし、相手が体勢をくずしたところに面を打つ技です。

この技は上級者でもむずかしいものですが、ポイントは手の力に頼った打ち落としをしないことです。身体を左にさばきながら相手の小手をかわし、腰のひねりを利用して竹刀を強く打ち落としていきます。そののちは、手元をくずさず、瞬間的に適切な間合をつくって面を打っていきます。

他の身体を左右にさばく技と同じように、この技もさばいたのちに身体を相手に正対させることが大切です。打ち落としと同時に左足を右足に鋭く引きつけ、いつでも打てる体勢を整えましょう。

1中段でお互いに構え合う

2～4身体を左にさばきながら竹刀を振り上げ、相手の竹刀を強く打ち落とす

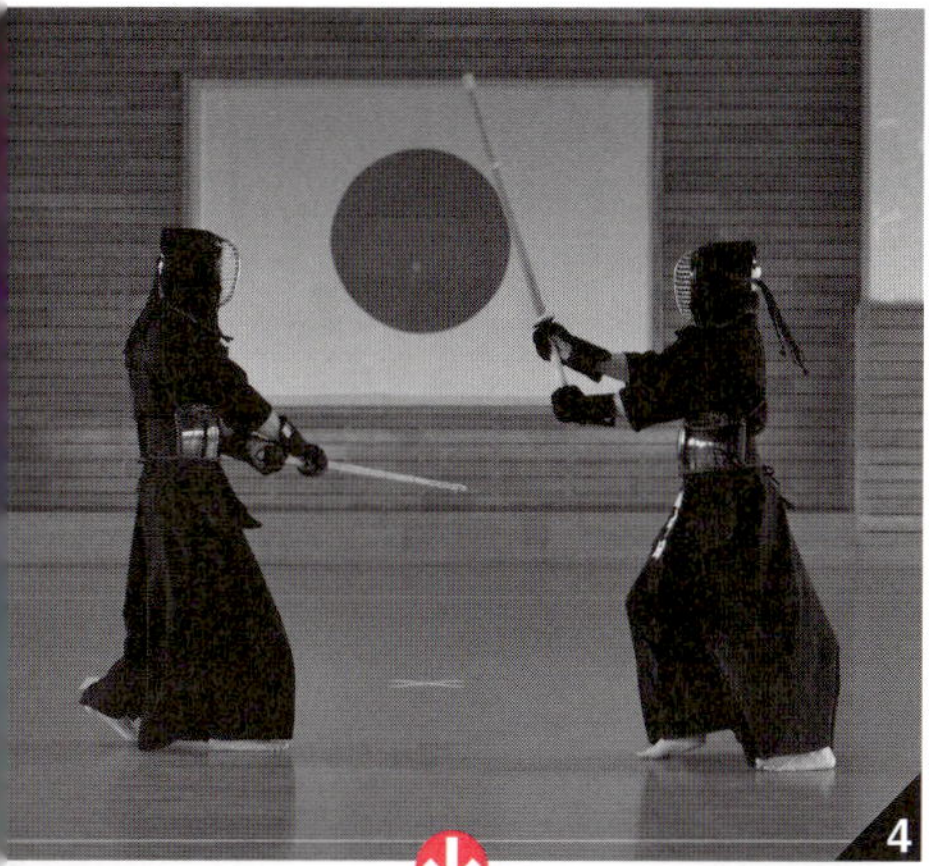

5～6相手が防御姿勢をとる前に、すぐさま面を打つ

# 第4章

# 剣道の稽古法

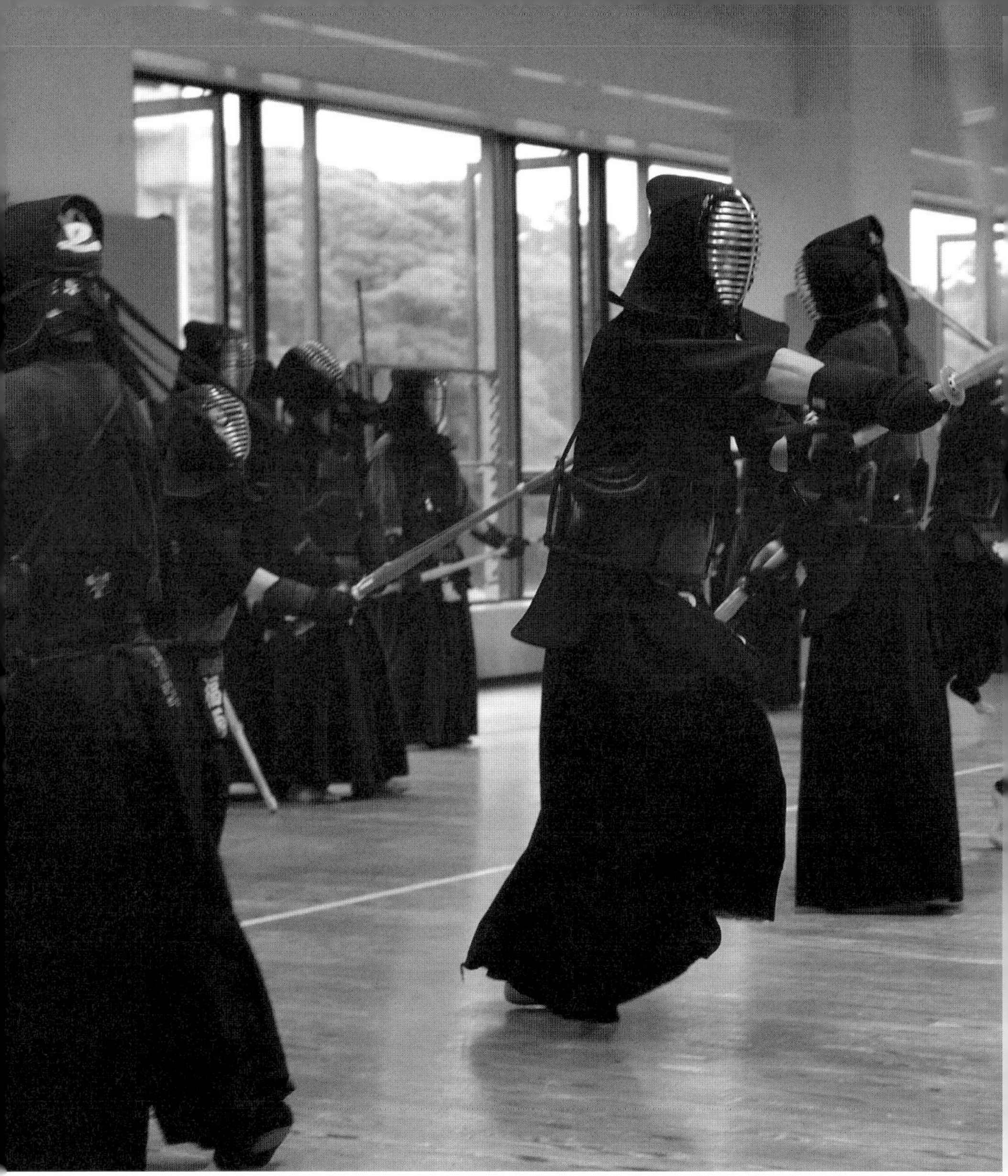

剣道の稽古法には、特別めずらしいものはありません。素振りや基本稽古、掛かり稽古、互格稽古など、剣道を学ぶすべての人が行なっている稽古法の積み重ねが、階段を一段一段のぼるように力となっていきます。第4章ではそれぞれの稽古法について、心構えや留意すべき点などを紹介していきます。

# 剣道の稽古とは

## 稽古の種類

### 掛かり稽古
元立ちに打たれたり、かわされたりすることを一切考えず、習得したすべてのしかけ技を、体力の続く限り全身をつかって打ち込む稽古法

### 切り返し
剣道の基本がすべて含まれている、初心者だけでなく、高段者にとっても欠くことのできない大切な稽古法

### 互格稽古
技術や気力の互格な者、あるいは互格に近い者同士が、互いに勝負を争う稽古法。相手との間に実力差があっても、対等の気持ちを持つことができれば、それは互格稽古と考えられる

### 約束稽古
打つ側と打たせる側とが約束をし、基本的な打突の稽古をする方法

### 打ち込み稽古
元立ちの与える打突の機会を正確にとらえ、正しい姿勢で適切な間合から打ち込む稽古。大きく打つ一本打ちや連続技など、打突の基本的な技術を体得するために必須

## 自分にとっての理想形を持ちそれを「求めて」稽古する

稽古とは、古（いにしえ）を稽（かんがえる）という字が表わすとおり、「古いことを習い達する」という意味があります。また、鍛錬、錬磨といった訓練的な意味や、修練、修行という修養的な意味も含まれています。つまり、剣道の稽古は技術の向上だけが目的ではなく、身体を丈夫に鍛えたり、「すべての道に通ずる真理の研究と、人としてのあり方を考える」ためのものだと言えます。このような意味をよく理解して稽古に励むと、勝ち負けだけではない剣道の魅力が感じられると思います。

## 試合稽古

実際の試合と同じように勝敗を競い合う稽古法。第三者が審判を行なって勝敗を判定する場合と、互いの自己審判で行なう場合がある

## 引き立て稽古

元立ち稽古とも言われ、指導者や上級生が元に立ち、初心者や下級の者が上達するように引き立ててあげる稽古法

## その他さまざまな稽古

**・ひとり稽古**
（ひとりで工夫・研究する稽古）

**・見取り稽古**
（他人を見て良い点を学び、改善するのに役立てる稽古）

**・立ち切り稽古**
（一定の時間、ひとりが何人かの相手と継続して行う稽古）

**・出稽古**
（他の道場やグループの剣士たちと、稽古や試合をするために自ら出かけること）

**・合宿**
（仲間と寝食をともにしながら、短期間に集中して技能を高める）

**・寒稽古と暑中稽古**
（一年でもっとも寒さと暑さの厳しい時期に、一定の間継続して激しい稽古を行なうこと。精神的鍛錬もかねる）

また、「稽古の求め方」を考えることも、とても大切です。身になる稽古を実践するためには、自分にとっての「理想形」をつねに頭のなかに持っておきましょう。その理想形は、有名な先生や選手、道場の先輩でも構いません。その方々の真似をするというのもよいでしょう。

剣道は口で教わることも一つの指導と言えますが、言葉ではないところで学ぶこともたくさんあります。確固たる理想を持っておくことで、ブレることなく稽古に邁進できます。また、自分と同年代のライバルを見つけることもよいでしょう。ライバルがいればつらい稽古のときや、剣道がうまくいかないときに励みになってくれるはずです。先輩方やライバルといった仲間たちと、日々切磋琢磨して稽古に臨むことが上達への近道です。

# 素振りの稽古

## 素振りは準備運動と思わず一本一本を全力で振り切る

剣道の稽古では、面を着ける前に素振りを必ず行ないます。この素振りは稽古に臨むためのウォーミングアップの要素もありますが、もちろんそれだけではありません。

素振りを行なう目的は、竹刀や木刀を上下、あるいは斜めに何度も振ることで、竹刀の正しい操作や太刀筋を習得することにあります。また、打突時に必要な手の内や、足さばきと連動させることによる打突の基礎を身につける意味合いもあります。

稽古で毎回行なうものでありながら、少々おろそかにされがちなのが素振りです。一本一本を丁寧に、全力で振ることができれば、確実に力となっていきます。対人競技である剣道は二人いなければ稽古ができませんが、素振りは竹刀が一本あれば、いつでもどこでも行なうことができます。今一度、素振りを見直してみてください。

前方に相手を想定して、一本一本が有効打突になるように振り切る

## 素振りの流れの一例

上下振り
↓
空間打突（正面打ち等々）
↓
斜め振り
↓
左右面打ち
↓
跳躍素振り

※それぞれ 30 本程度を目安とする。体力や熟練度に応じて回数を調整する

# 切り返し

## 切り返しの反復練習で剣道の大事な要素を身につける

切り返しは剣道独特の稽古法であり、基本的には正面打ちと連続左右面打ちを組み合わせたものです。切り返しには剣道における大切な要素がすべて詰まっていると言われており、切り返しを反復練習することで、「構え（姿勢）」、「打ち（刃筋や手の内の作用）」、「足さばき」、「間合のとり方」、「呼吸法」などを身につけることができます。初心者の段階では大きく正確に行なうことが求められますが、熟練していくにしたがって、基本の切り返し以外にもさまざまな種類の切り返しを修錬していきます。

切り返しを学ぶ上でのポイントは多くありますが、よく言われるのは「刃筋」でしょ

切り返しには、剣道における重要な要素が多く詰まっており「基本の総合稽古」とも言える

う。とくに連続左右面打ちの場面では、約45度の角度で刃筋正しく打つことが求められます。左こぶしはつねに正中線上に置いておき、右手で竹刀を操作します。

もう一つ、注意しておきたいのは「息の継ぎ方」です。正面を打ち、相手に接近したところで息を吸って、左右面を打ち終わり、間合をとって正面を打ったところで息を継ぎます。習熟度が高まってきたら、旺盛な気迫で息の続く限り一息で行なう切り返しを修錬するのもよいと思います。そうすることで、さらに高い効果が期待できます。

細かいポイントは他にもありますが、総じて大事になるのは、それぞれの動きを基本に忠実に行なうことです。正面打ちは一足一刀の間合から打っているか、左右面打ちはしっかりと物打ちが打突部位に届いているかなど、一つひとつの動作を正確に行なうことが、正しい基本の習得につながっていきます。

## 切り返しの方法

一足一刀の間合から正面を打ち、前進しながら左右面四本、後退しながら五本、さらに後退しながら間合をとり、中段の構えから正面を打つ。この一連の動作を錬度に応じて回数を考慮して行なう。

## 面を打たせる切り返し

元立ちが左右面打ちを竹刀で受けず、直接面を打たせる切り返し。通常の切り返しと同じように、左右の面を確実に物打ちでとらえることが重要であり、刃筋にも気をつける。

## 胴の切り返し

切り返しにおける左右面打ちを左右胴打ちに組み替えた切り返し。切り返しの動作が大きくなるため、柔軟な手首の返しが必要になる。

## 相互の切り返し

通常、掛り手が左右面打ちを行なう場面で、元立ちと掛り手ともに左右面打ちを行なう切り返し。強靱な体力や旺盛な気力がやしなわれる。

### POINT 元立ちが掛り手を伸ばす

切り返しは元立ちの役割が非常に重要です。元立ちの心がけにより、掛り手が得る効果には雲泥の差が出てきます。

元立ちの受け方は、大きく分けて二つあります。「引き入れるような受け方」は、とくに初心者の元立ちを務める場合に求められ、相手の左右面打ちを引き込むようにして受けます。一方、「打ち落とす受け方」は、上級者の元立ちを務める場合に行ないます。左こぶしを中心からはずさず、掛り手の打ちを迎えて手の内を働かせ、打ち落とすようにして受けます。

掛り手の習熟の程度に応じて二つの受け方をつかい分け、技能の向上を図りましょう。

# 打ち込み稽古

基礎を身につけたら、打ち込み稽古でより実戦へと近づけていく

## 「気剣体一致」の打突を目指して行なう

「打ち込み稽古」は、基本的な打突の技術を習得するための稽古法です。元立ちはつねに気を抜かず、相手と気を合わせて対峙し、大きな掛け声（発声）で打つ側を励まし、引き立てることが大切です。掛り手は、元立ちに与えられた機会を正しくとらえ、適切な間合から技を打ち込めるようになりましょう。

初心者であれば、まずは近い間合から確実に打ち込めるようになることが大切です。「手で打つな足で打て、足で打つな腰で打て、腰で打つな心で打て」とよく言われますが、まずは足腰をつかい、しっかりと打ち切ることを心がけます。

このとき、ただ勢いよく機械的に打ち込むのではなく、「気剣体一致」の打突を目指しましょう。確実に打突部位を打てるようになったら、次第に間合を遠くしていきます。

また、素早い打ちを意識しすぎると、二拍子の打ちになってしまいがちです。左こぶしで相手の突き垂れを突き上げるようなイメージで、余分な力を抜いて足からスムーズに打ち

掛り手が適切な間合から
打てるように、元立ちも
できるだけ身体を動かす

ます。打つ際は、左足に体重を乗せてしっかりと踏み切るようにしましょう。足幅を適正に保ち、「ここだ」という機会で打ち切ります。打ち込む技は、一本打ちだけでなく、連続技、体当たり、引き技などを織り交ぜて、単調な動作の反復にならないように留意し、打突後は、次の打突に素早く備え、しっかりと残心をとりましょう。

よく「打ち込み稽古では自分の理想の打ちができるけれど、本番になると腰が引けてしまう」という人がいます。これは、「打たれたくない」という気持ちや、「打ってやろう」という気持ちが強いときに起こりやすいものです。日頃の稽古から、打つ瞬間まで左手は構えた位置に据えておき、打つときに瞬時に動かすことを心がけるとよいでしょう。

**打ち込み稽古の流れの一例**

**◆しかけ技**

面➡小手➡突き➡胴、払い面（表・裏）➡払い小手（裏）➡払い胴（表）

**◆連続技①**

小手・面➡小手・胴➡面・面➡突き・面

**◆連続技②**

小手・面・面→小手・面・胴➡突き・面・面

# 掛かり稽古

掛り手は自分に厳しく、縁を切らずに元立ちへ掛かっていく

## 元立ちに打たれることを考えず体力の続く限り打ちこんでいく

「掛かり稽古」は、数ある剣道の稽古のなかでも、一、二を争う厳しい稽古と言えます。掛り手は元立ちに対し、打たれたりかわされたりすることを考えず、これまで習得したすべての技をつかって体力の続く限り連続して打ちこんでいきます。

掛かり稽古と打ち込み稽古の違いは、打ち込み稽古は元立ちが機会を与えて打突をさせますが、掛かり稽古は掛り手が主となり、掛り手の意志によって積極的に機会をつくり出していきます。技術の向上はもとより、疲れても打ち続ける体力や精神力を鍛えるのに効果的です。

**【掛り手のポイント】**

①つねに気剣体の一致した打突を心がける
②疲れても正しい姿勢や構えで打突する

掛り手に隙が見えたらその瞬間を打つなど、つねに元立ちは掛り手をリードする

③できるだけ大きな技で打ち込み、熟練度によって、小さく鋭い技や連続技を織りまぜる。
④足さばきを注意し、さまざまな間合から正しい打突動作ができるようにする。
⑤充実した気勢で、短時間のうちに息が上がるまで激しく掛かっていく。

【元立ちのポイント】
①掛かり稽古を効果的に行なうために、間合や打突の機会に十分留意する。
②掛り手以上の気迫をもって相対する。
③掛り手が疲労し、気迫や気力に欠けてきたら声をかけるなどして励ます。
④掛り手を押し倒したり、迎え突きなど無謀な行為は行なわない。
⑤掛り手の無理な打突は打たせず、正しい打突を覚えさせる。
⑥ただ漫然と打たせるのではなく、応じ技や出ばな技などを学ぶ絶好の機会であることを認識する。
⑦掛り手の状態（技術の習熟度や健康状態など）に応じて、効果的な稽古になるよう工夫する。

# 互格稽古（地稽古）

互格稽古は「試合」ではなく「稽古」。打たれることを怖がらずに最高の技を繰り出すことを心がける

## 勝敗にこだわることなく納得のいく一本を求めて稽古をする

「互格稽古」は「地稽古」とも言われ、技術が互格かそれに近い者同士がお互いのすべてを出し切り、勝負を争う稽古法です。また、相手と力に差がある場合でも、間合や機会を大事にして対等の気持ちで行なえば、それも互格稽古と考えられます。

互格稽古は勝負を争うものですが、試合とは違い審判員がいません。勝負の判定はお互いが行ないます。勝負の判定はお互いが行ないます。勝ち負けにこだわることも大切ですが、互格稽古においては、

POINT

## 打たれることを恐れずに稽古をする

剣道を学ぶ多くの人、とくに社会人の方は、稽古時間の大半が互格稽古だと思います。剣道ですから打った打たれたはもちろんありますが、そこばかりにこだわっていると、本当の地力をつけることはできません。

互格稽古のなかでは、まず姿勢をくずさずに打ち切れているかを確認しながら行なうと、正しい剣道が身についてくると思います。試合では間合を計り、機会を探り、ときには守る場面も出てきます。しかし、互格稽古でこれをやっていては、せっかくの稽古時間が内容の薄いものになってしまいます。

打たれることを恐れず、「攻めてくずして打つ」ことに主眼を置いて稽古をすることで、互格稽古はとても充実したものになります。

勝敗よりも自分の納得がいく攻めができたか、一本が出せたかなど、高い目標を持って行なうことが大事になります。自分に厳しく稽古に臨むことができれば、自ずと実のある稽古が実践できます。

【互格稽古のポイント】

①基本稽古で習得した打突の動作や姿勢をくずすことなく、充実した気迫で真剣に稽古をする。

②立合の初太刀を大事にして、一本一本をおろそかにしないように稽古をする。

③得意技ばかりでなく、不得意な技も修錬する。

④いかなる相手に対しても対等の気持ちで稽古をし、選り好みすることなく、数多くの相手と稽古をする。

⑤指導者や上手には、懸かる気持ちで積極的に技をしかけていく。

# 追い込み稽古

## 正しい姿勢を維持しながら連続で技を出し続ける

「追い込み稽古」は道場の長さを充分に利用し、切り返しや面打ちや小手面打ちなどを連続して行なう稽古です。剣道の稽古では、かなり厳しい部類に入ると思います。

追い込み稽古を行なう目的は、絶え間なく技を出し続けることによる体力の増強という部分もありますが、一番大事なのはブレのない体勢をつくり上げることです。素早い足さばきから体勢をくずさず技を出し続けることは容易ではありません。そこには鋭い左足の引きつけと、上半身と下半身の連動が必須になりま

どんな状況でもくずれない身体と、素早い足さばきを身につければ、試合でも一瞬の隙をとらえることが可能になる

す。

初心の段階から速さばかりを求めて追い込み稽古を行なうと、体勢のくずれが悪癖となってしまいます。最初は大きい技で正しい姿勢を維持しながら打ちこんでいき、徐々に小さく鋭い技も稽古するようにしていくとよいと思います。

**追い込み稽古の一例**

①切り返しの追い込み
②大きく打つ正面打ちの追い込み
③小さく鋭く打つ正面打ちの追い込み
④小手・面の連続技による追い込み
⑤相互の切り返しによる追い込み

## 区分稽古の一例

区分稽古はさまざまな稽古法を組み合わせた稽古です。体力的にかなり厳しい稽古ですが、疲れたときこそ自分を甘やかさず、正しい姿勢で打突を繰り出していくことによって、強い気持ちとともに正しい基本が身につきます。

# 区分稽古

### さまざまな稽古を組み合わせ体力の限界まで繰り返す

「区分稽古」は、合図にしたがって、切り返しや基本打ち、打ち込み稽古、掛かり稽古、互格稽古などを繰り返す稽古です。組み合わせはさまざまであり、多くのパターンがありますが、どれも自身を体力の限界まで追い込む厳しい稽古です。

一つの例として、国際武道大学では「切り返し→基本打ち→掛かり稽古→互格稽古→切り返し」というパターンで区分稽古を行なっています。これを1セットとして、学生の体力を考慮しながら限界寸前まで繰り返し行ないます。その他のパターンとしては、「一本勝負」による試合形式の互格稽古を繰り返し行なうものを取り入れています。

切り返し

↓

基本打ち

↓

掛かり稽古

↓

互格稽古

# 準備運動と整理運動

## 準備運動

準備運動は、心身ともに万全で稽古に臨むために欠かすことのできないものです。剣道は短時間で激しい運動を行ないます。そこにはケガなどがつきものですが、できるだけケガが起きないように、そして、神経や筋肉にある程度刺激を与え、ベストコンディションで稽古ができるように、稽古前はしっかりと準備運動をしておくことが大事です。

準備運動は肉体面だけでなく、精神面でも必要なものです。準備運動を行なうことで稽古や試合に対する心構えをつくります。剣道は相手と戦う競技であり、準備運動をしながら闘争心を駆り立てることも必要になります。試合前などは、試合に対する不安や緊張を取り除き、自身の能力を発揮させる意味でも大変役立ちます。

## 整理運動

激しい稽古が終了したら、稽古で緊張した心身を軽い運動によって徐々にほぐすことが、健康安全上とても大切です。

剣道では従来「切り返し」が整理運動としてふさわしいものとされていますが、やはりそれだけでは細かい部分までケアすることができません。傷害予防の観点から、ストレッチなどを積極的に取り入れておくとよいと思います。

### ◆ストレッチ

ストレッチとは、凝り固まった身体の筋肉や関節を十分に伸ばす体操のことで、運動などによって緊張した筋肉をゆるめ、血流を良くすることが目的です。肉離れや腰痛といった、慢性的な痛みや不意のケガを予防するためにも、整理運動のひとつとして取り入れておくとよいでしょう。

◆竹刀を持っての準備運動

剣道の運動でとくに行なわれる部位を中心に、その動作に近い状態を想定して行なう運動で、竹刀の操作や刃筋の方向、姿勢と重心、反動作用などを考えて行ないます。

【内容例】

①素振り（上下振り、斜め振り）
②空間打突
③跳躍素振り（跳躍正面素振り、蹲踞・跳躍正面素振り、蹲踞・跳躍面返し胴）

◆柔軟体操

柔軟体操は自然運動にかなった方法で行ないます。身体の末端部の運動、心臓から遠い部位の運動からはじめ、次第に中心部の運動へ移行していくのがよいでしょう。また、弱い運動から次第に強い運動へ、さらに緊張と解緊をほどよく組み合わせ、適度な速さで左右平等に行なうことが大切です。剣道では上肢と下肢の運動範囲が大きく、運動量も大きいので、そこに重点をおくことも大切なことです。

【内容例】

①指の屈伸　②手首の回旋　③腕の上下振り
④腕の回旋　⑤肩押し　⑥足首の運動　⑦脚の屈伸
⑧脚の振動　⑨脚の側開　⑩身体の前後屈　⑪身体の側屈
⑫身体の側転　⑬身体の回旋　⑭首の運動　⑮深呼吸

【内容例】

①首の前屈、後屈　②身体の後ろで肩を伸ばす
③身体の前で肩を伸ばす　④身体の前後で腕を伸ばす
⑤手首を握って身体側に曲げる
⑥片膝立てで胴体をねじる
⑦上向き姿勢で片足ねじり
⑧軽く膝を曲げて前屈
⑨上向き姿勢で片膝抱え
⑩腕立て姿勢で上体反らし
⑪しゃがみ立ちから膝を伸ばす
⑫長座姿勢で前屈
⑬開脚座で前屈
⑭片膝を曲げて足の伸展
⑮前後開脚立ち　⑯アキレス腱

### 補強運動

剣道の稽古法の多くは、肉体的にも精神的にも多くの効果が見込めます。ここに、科学的なトレーニングの知識と方法による補強運動を行なえば、さらなる競技力の向上が見込めます。適切な補強運動の実施により、基礎体力（敏捷性、筋力、瞬発性、柔軟性、持久性など）がやしなわれ、剣道の技能を向上させるだけでなく、加齢にともなう体力の衰退や、剣道だけを実施することによって生じる身体の構造や機能のアンバランスによる傷害発生の予防にもなります。

# 付録

# 試合の方法・剣道用語集・段位と称号

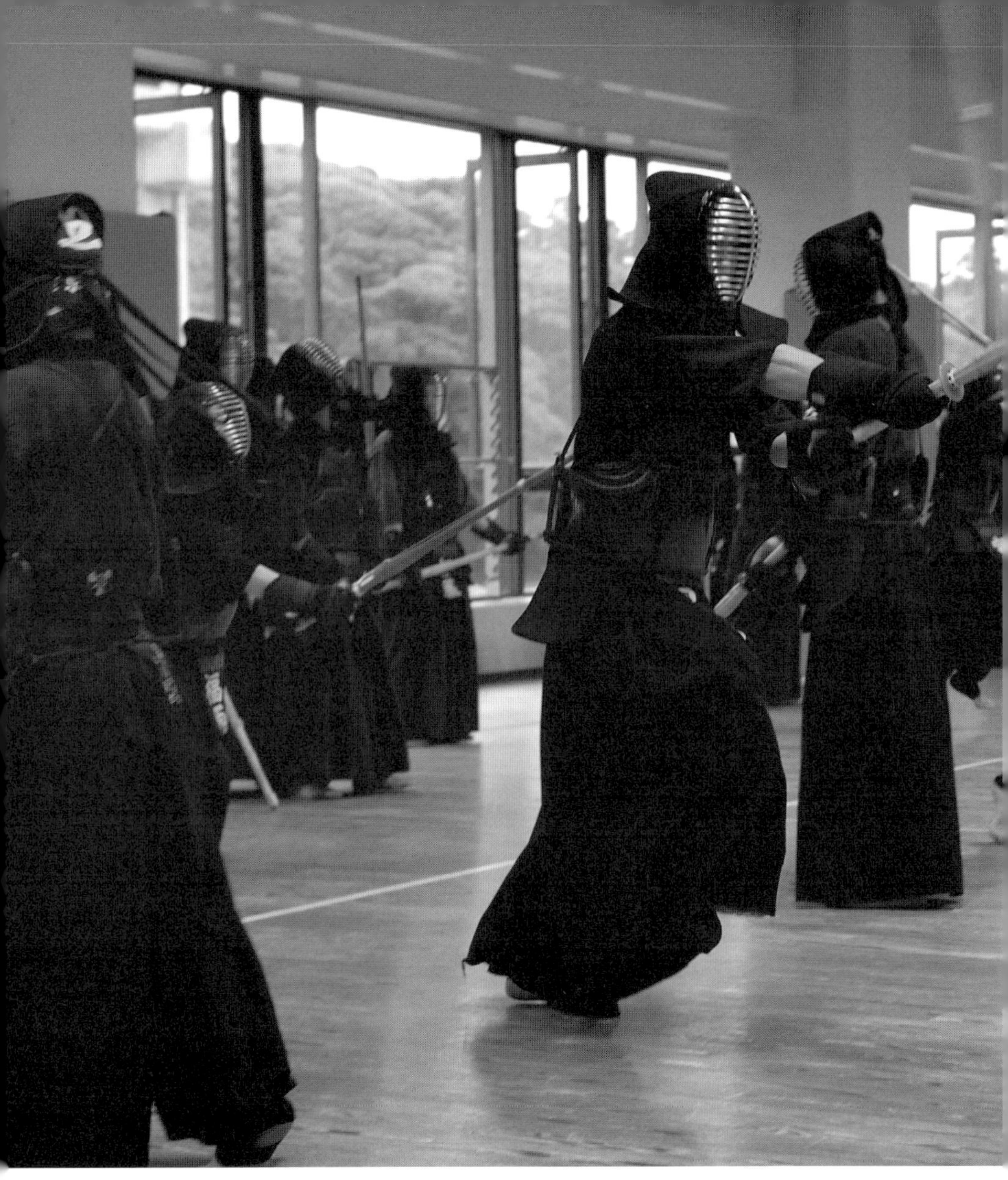

剣道の稽古法を理解したら、最後は試合に挑戦してみましょう。試合は稽古のように、稽古は試合のように、日ごろの稽古の成果を充分に発揮することが大切です。剣道独特の用語も知っておくことで、剣道への理解がさらに深まります。

# 試合の方法

剣道の審判員は主審1名、副審2名で構成される

## 試合方法と試合時間、勝敗の決め方について

試合とは、日頃の稽古で習得した技術、気力を十分に出し尽くして、公正明大に勝敗を競い合うことです。個人同士が勝敗を決する「個人試合」と、多人数（3名、5名、7名等）でチームを組んで勝敗を決める「団体試合」があります。

試合時間の基準は年代や大会によってさまざまです。勝敗は三本勝負を原則とし、試合時間内に有効打突を二本先取したものが勝者となります。一方の選手が一本を取り、そのまま試合時間が終了した場合は一本勝ち、試合時間内に勝負が決しない場合は引き分け、もしくは延長戦を行ないます。判定によって勝敗を決める場合もあります。

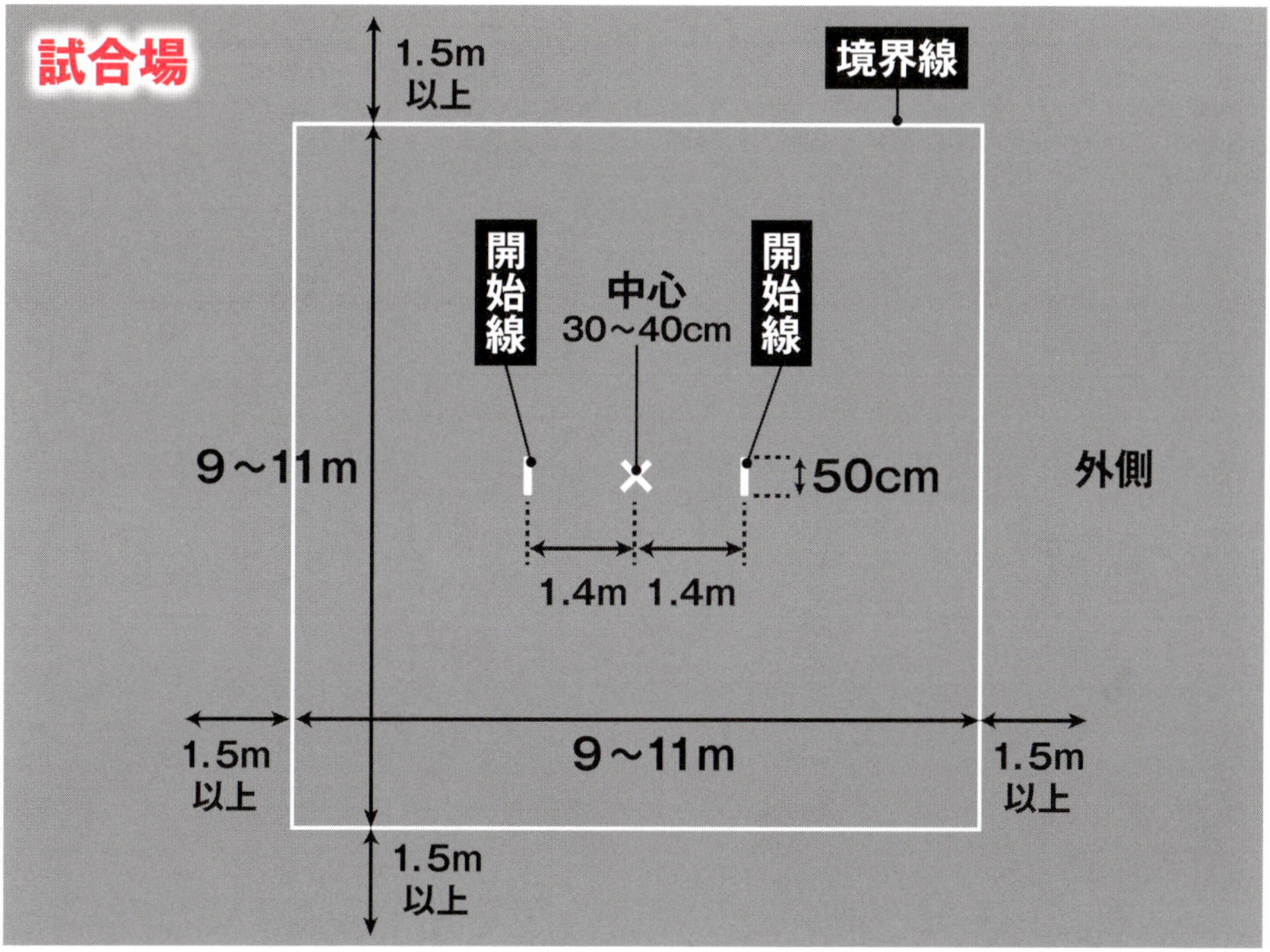


試合場の大きさは一辺が９～11 メートルの長方形、または正方形。床張りが原則であり、試合場の外側には１・５メートル以上の余地を設けなければならない。試合場の中心には×印を、その中心より均等な距離に左右一本ずつ開始線を示す。各線の幅は５～10 センチ、原則、白線とする

団体試合には、勝者が連続して試合を行ない、負けるか引き分けるまで試合を続け、相手チームの大将を破った側が勝利チームとなる「勝ち抜き試合」と、勝者の数（同数の場合は取得本数。さらに同数の場合は代表戦）によって勝敗を決める「勝者数法」などがあります。このように、試合時間や試合方法などは、各大会ごとに定められたルールに基づいて行なわれます。

POINT

## 試合の心得

試合前には、自分が出場する試合がどのような意味を持っているのかを考え、十分に心構えをつくって臨みましょう。また、試合に使用する竹刀や用具はあらかじめ点検を行ない、試合当日までにしっかりと整備しておくことが大切です。

# 知っておきたい剣道用語集（『剣道指導要領』参照）

**【あ】**

**足さばき（あしさばき）**
相手を打突したり、かわしたりするための足の運び方。歩み足、送り足、開き足、継ぎ足の四つがある。これらの足さばきはすべて「すり足」で行なう。

**歩み足（あゆみあし）**
足さばきの方法の一つ。歩行運動をすり足にて行ない、遠い間合を速く移動する場合に使う。

**【い】**

**一眼二足三胆四力（いちがんにそくさんたんしりき）**
剣道を修行する上で重要な要素を、その重要度に応じて示した言葉。第一に眼の動き、第二に足さばき、第三に何事にも動じない強い気持ち、そして第四に思い切った技およびそれを生み出す体力の発揮が重要であるとされている。

**居着き（いつき）**
ある一つのことに心がとらわれて、相手の動きや隙を見つけることができず、充分な力を発揮できないこと。相手の動きや攻め、守りで主導権を握られ思うようにならないこと。一瞬気を抜いたため、自分の動きが制約されて動きが止まること。

**一足一刀の間合（いっそくいっとうのまあい）**
剣道の試合や稽古における、相手と自分との間にできる距離。一歩踏み込めば打て、一歩退けば相手の打突を外せる距離。剣道における基本的な間合と言われている。

**【う】**

**打ち込み稽古（うちこみげいこ）**
指導者（元立ち）の与える打突の機会をとらえて打ち込んで、打突の基本的な技術を体得させる稽古法。打ち込み稽古の補助的な方法として「打ち込み棒」などを使用して行なう稽古法がある。

**裏（うら）**
中段に構えたときの、自分の竹刀の右側

**【お】**

**応じ技（おうじ技）**
相手のしかけに対し、竹刀さばきと体さばきによって相手の技を封じ、隙を見つけて反撃し打突する技の総称。抜き技、すり上げ技、返し技、打ち落とし技などがある。

**送り足（おくりあし）**
あらゆる方向に素早く移動する場合や打突の場合の足さばき。攻防の中でもっとも多く使われる足さばき。

**起こり（おこり）**
攻撃をしかけようという意志や願望が動作として現われる瞬間。

**押さえる（おさえる）**
自分の竹刀で相手の竹刀に上方から力を加え、働きを封じること。つばぜり合いの場合、自分の鍔元で相手の手元の働きを封じること。

**表（おもて）**
中段に構えたときの自分の竹刀の左側

**【か】**

**返し技（かえしわざ）**
相手の打突に対して身体をさばきながら、自分の竹刀で相手の竹刀に応じ、応じた側の反対側の部位を、手を返して打つ技。

**返す（かえす）**
方向を反対側にかえること。剣道では竹刀を表から裏へ、または裏から表へ操作すること。

**掛かり稽古（かかりげいこ）**
元立ちに対して、打たれたりかわされたりすることなどを一切考えずに、習得したすべての技を使って、短時間に気力を充実させ、体力の続く限り全身を使って打ち込む稽古法。

**懸かる（かかる）**
技術の向上を目指して、下位の者が上位の者に対して積極的に向かっていくこと。

**掛け声（かけごえ）**
心に油断がなく、気力の充実した状態が自然に声として外にあらわれたもの。自分を奮い立たせる声、相手を威嚇する声、勝ちを知らせる声などがある。

**構え（かまえ）**
相手のさまざまな状況の変化に対して即応できるよう、姿勢や態度を整えている状態。

**かわす**
相手の攻撃を避けること。剣道では、相手の攻撃を避けながらも直ちに反撃できる体勢をつくることが重要である。

**【き】**

**機（き）**
仏教用語で、眼・耳・鼻・舌・身・意など身体の諸感覚機能が外に対して発動する瞬間。対立しているものが互いに働きあい、別の状況に転化する瞬間。剣道では、打突の機会を言うことがある。相手の「心」と「体」と「術」の変わり際に怒るときの「きざし」である。

**気（き）**
生成・発展・消滅するすべてのものに働いている根源的エネルギー。人間にあっては、知覚・感覚・本能を動かしている動的なエネルギーの元となるもの。剣道においては、自分と相手との間を結びつけている雰囲気を意味し、自分の心と体との働きを充実・調和させるための元となるエネルギー。

**気合（きあい）**
相手の動きや自分の意図することに対して、気持ちを充実させた状態。または、そうした状態から発する掛け声。

**気構え（きがまえ）**
打突に先んじて、相手の心身の動きをとらえ、いつでも対応できるように身体のすみずみまで神経を行き渡らせている心の状態。

**気剣体の一致・気剣体一致（きけんたいのいっち・きけんたいいっち）**
攻防動作を効果的に行なうための大事な要素を表現した言葉。主に打突動作の教えであり、「気」とは気力のこと、「剣」とは竹刀操作のこと、「体」とは体さばきと体勢のこと。これらがタイミングよく調和がとれ、一体となって働くことで有効打突の成立条件となる。

**気攻め（きぜめ）**
心の内から発するエネルギーによって相手を圧倒すること。動作で攻めるのではなく、「打つぞ」という強い気勢で攻めること。

**驚懼疑惑（きょうくぎわく）**
驚いたり、懼（恐）れたり、疑ったり、惑ったりする心の状態を表わした言葉。相手と対峙したときに起こる心の動揺、あるいは心の動揺を抑えきれない状態。「四戒」や「四病」とも言う。

**切り返し（きりかえし）**
正面打ちと体当たり、連続左右面打ちを組み合わせた基本動作の総合的な稽古法。剣道を習うものにとっては、初心者も熟練者も必ず行なうべき大切な稽古法。切り返しという言葉は、打突の方向を変えて打ち返すという意味もある。

【く】

**崩す（くずす）**
整っていたものを砕き壊すこと。相手の気構えや身構えを気力、竹刀、動きで乱すこと。

【け】

**稽古（けいこ）**
本来、古（いにしえ）を稽（かんがえる）という意味で、武芸や芸濃を練習すること。この言葉は単に繰り返しを意味するのではなく、芸に対する心構えの大切さを含んでいる。修行の過程はそのままその人の生き方につながり新たな自分をつくりあげることとなり、芸と生き方とを一体化させる重要な要素なのである。

**下段の構え（げだんのかまえ）**
中段の構えから剣先を相手の膝頭あたりに下げた構え。

**剣先（けんせん）**
竹刀の先端部分。その働きは重要で、つねに相手の正中線につけ、攻撃にも防御にも即応できるようにしておくことが大切である。

**懸待一致（けんたいいっち）**
懸とは相手を攻めたり、打ちかかることで攻撃の意味、待とは相手の動きを冷静に見極め、出方を待つことで防御の意味である。攻撃と防御は表裏一体をなすものであり、攻撃中でも相手の反撃に備える気持ちと体勢を失わず、防御にまわっているときでもつねに攻撃する気持ちできることの大切さを教えている。

**剣道具（けんどうぐ）**
剣道で用いる道具。面、左右の小手、胴、垂がある。「防具」とも言う。

【こ】

**交剣知愛（こうけんちあい）**
剣道を通して互いに理解しあい、人間的な向上をはかることを教えた言葉。稽古や試合で剣を交えた相手と、もう一度稽古や試合をしてみたいという気持ちになること。また、そうした気持ちになれるように稽古や試合をしなさいという教えを説いた言葉。

**互格稽古（ごかくげいこ）**
力量が五分と五分の者同士の稽古。また、たとえ力に差があっても、同等の気持ちになって行なう稽古。

**呼吸（こきゅう）**
空気を吸ったり吐いたりすること。剣道では、相手の動作を予測し、その調子に自分の動作を合わせ、やりとりすること。

【さ】

**冴え（さえ）**
技などのあざやかさ、またその働きや感覚の鋭さのこと。剣道における「冴え」とは、打突をするときの右手と左手が協調的に働き、瞬間的に手の内が絞られることによって現われる打突の鋭さのこと。

**提刀（さげとう）**
立位の姿勢で、竹刀は左手、刀や木刀は右手にて体側に腕を提げ伸ばして持つこと。竹刀は弦を下にして自然に提げ、刀や木刀の場合は刃部を上にする。親指を鍔にかけないで鍔元を持つ。

**左座右起（さざうき）**
剣道で正座をする場合の座り方と立ち方を表わした言葉。座るときには左足を一歩後ろに引き、床に左膝、右膝の順につけ、つま先を伸ばして座り、立つときは両膝を床につけたまま腰を上げ、つま先を立てて、右足を一歩前に出しながら続いて左足をそろえて立ち上がることを示している。

**さばく**
自分に有利な状態、位置、方向を保つため、相手に対して身体や竹刀を操作すること。

**三殺法（さんさっぽう）**
相手を制するための重要な教えとして、相手の剣、技、そして気の三つを封ずること。剣を殺すとは、相手の剣を押さえ、払うなどして剣先の働きを制すること。技を殺すとは、先手先手と攻め、相手に技をしかける余裕を与えないこと。また、気を殺すとは、気力で相手を圧倒し、相手が攻撃しようとする機先を制すること。

**残心（ざんしん）**
打突したあとに油断せず、相手のどんな反撃にも直ちに対応できるような身構えと気構え。一般的には、打突後に間合をとって、直ちに中段の構えとなり、正対して相手の反撃に備えること。打突後に適正な間合がとれない場合には、自分の竹刀の剣先を相手の中心（咽喉部）につけるようにして反撃に備えること。

【し】

**しかけ技（しかけわざ）**
相手より先に出す技の総称。一本打ちの技、連続技（二・三段の技）、払い技、捲き技、出ばな技、引き技、かつぎ技、片手技、上段技などがある。

**地稽古（じげいこ）**
技を練り、気を養い、欠点を矯正する工夫と努力をして地力をつける総合的な稽古法。

**自然体（しぜんたい）**
剣道の構えのもととなる体勢であって、どこにも無理のない自然で安定感のある姿勢。この姿勢は、いかなる身体の移動にも、また相手の動きに対しても敏速でしかも正確に、かつ自由に対処できるような姿勢である。

**鎬（しのぎ）**
刀身の棟と刃との間にあって、鍔元から切っ先までの高くなった稜。刃を下にして構えたとき、左側を表鎬、裏側を裏鎬という。

守、破、離・守破離（しゅはり）
剣道修行上の段階を示す教え。「守」は指導者の教えに忠実にしたがって学び、それを確実に身につける段階。「破」は「守」の段階で学んだことについて工夫を凝らし、さらに技術を高める段階。「離」は「守」「破」といったことを超越して、技術をさらに深め、独自の新しいものを確立していく段階。

**撞木足（しゅもくあし）**
鐘や鉦などを打ち鳴らすときに使うT字形の棒からきた言葉。剣道の足構えにおいて、前後の足先がまっすぐ前を向かず、開いて後ろ足の踵が床に着いた足構え。また、後ろ足のみまっすぐ向かず左に開いている「鉤足（かぎあし）」というのもある。いずれも速やかな前進後退を妨げる足構えである。

**上段の構え（じょうだんのかまえ）**
竹刀を頭上に保持した構え。剣道の構えの中ではもっとも攻撃的な構え。

**初太刀（しょだち）**
最初に切りつける太刀。剣道の試合や稽古における最初の打突。剣道ではこの初太刀を大事にする。

**事理一致（じりいっち）**
事は技、理は理論のこと。技と理論を一体化させるよう修錬していくことが大切であるという教え。技の修錬を通して心身の働きを体認し、真理の探究を目指す言葉。

【す】

**隙（すき）**
驚、懼、疑、惑の生じた心の隙間と、剣先が相手の正中線から離れたり、手元が上がる、または下がるなどして生じた動作の隙間や構えの隙間のこと。

捨て身（すてみ）
生命を捨てるほどの覚悟を持って全力でことにあたること。剣道では勝負のとき、自分の勝ち負けの意識を捨てて、全力で一撃を試みること。

**すり上げる（すりあげる）**
打突してくる相手の竹刀を、自分の竹刀で下方から上方へ剣先が弧を描くように接触させながら払い上げ、相手の打突を無効にする。自分の竹刀の左側面ですり上げる方法と、右側面ですり上げる方法がある。

**すり足（すりあし）**
足の裏で床をするような足の運び方。移動によって生ずる身体や構えの動揺を極力少なくし、下半身を安定させ、上体の働きを自在にするのに有効な足の運び方。「歩み足・送り足・開き足・継ぎ足」において共通して重視される足の運び方である。

【せ】

**臍下丹田（せいかたんでん）**
臍下の下腹部を指し示す言葉で、気力の充実や精神的な安定を保ち、合理的な動作で行なう上で極めて重要な身体部位であると言われている。

**攻め・攻める（せめ・せめる）**
充実した気勢で自分から相手との間合を詰め、相手が身動きできないようにすること。相手の心身のバランスを崩し、充分な動作ができないようにすること。気力による攻め、剣先による攻め、打突による攻めなどがある。

**三つの先（みっつのせん）**
剣道においては機先を制することがもっとも

重要である。「先」の取り合いが勝負を決定するとも言える。「先」には「三つの先」があると言われている。高野佐三郎の『剣道』では、「三つの先」を「先々の先」「先」「後の先」として解説している。

## 【そ】

**蹲踞（そんきょ）**

本来は膝を折り曲げた敬礼の一つであるが、剣道ではやや右足を前にして、つま先立ちで両膝を左右に開いて折り曲げ、上体を起こして腰を下ろした姿勢。

## 【た】

**体当たり（たいあたり）**

打突に伴う余勢で身体ごと相手に激しくぶつかること。体当たりは相手の体勢を崩し、打突の好機をつくるのみならず、自分の体勢（とくに腰）の安定、気力の養成をはかるうえでも大切である。

**体さばき（たいさばき）**

相手の動きをかわしたりするために、足さばきによって身体の位置や方向を変えること。

**帯刀（たいとう）**

刀を帯に差すこと。または、刀を帯に差した状態。竹刀や木刀を左腰に引きつけた状態。木刀の場合は親指を鍔にかける。

**打突部位（だとつぶい）**

正確に打突されたとき一本になる箇所。面部・小手部・胴部・突部。

**打突の好機（だとつのこうき）**

打突すべきもっとも良い機会。その代表的なものは、「技の起こり」「技の尽きたところ」「居着いたところ」「相手が引いたところ」「技を受け止めたところ」などがある。これらをよく理解して稽古をすることが技能向上のために需要である。

ため

相手の攻めに対応する場合、あるいは技を出す場合、緊張の中にもゆとりを持たせ、心身を充実させた状態。

## 【ち】

**近間（ちかま）**

一般的には「近い間合」という。「一足一刀の間合」よりも近い間合。自分の打ちが容易に届くかわりに、相手の攻撃も届く距離。

**中心（ちゅうしん）**

真ん中。もっとも重要なところ。剣道では、眉間、喉元や鳩尾などがある正中線。「中墨（なかずみ）」ともいう。試合場の真ん中を示す×印。

**中段の構え（ちゅうだんのかまえ）**

立位姿勢から右足をやや前に出し、右足の踵の線に沿って左足つま先を置くようにし、右手で竹刀の鍔元、左手で柄頭を握り、剣先の延長が相手の両眼の間の方向に向くように竹刀を保持した構え。攻撃にも防御にも適している剣道の基本となる構え。

## 【つ】

**継ぎ足（つぎあし）**

基本の足さばきの一つ。主として遠い間合から打ち込む場合に用いる足の使い方。左足（後ろ足）を右足（前足）の近くに引きつけ、直ちに右足（前足）から大きく踏み込むようにする足さばきで、前方への移動のときのみ用いる。

**鍔ぜり合い（つばぜりあい）**

相手にもっとも接近した間合で、両者とも竹刀をやや右斜めに開き、鍔が互いに触れ合い、相手の手元を攻め、崩し合っている状態。

## 【て】

**手の内（てのうち）**

竹刀の握り方、打突したり応じたりするときの両手の力の入れ方、緩め方、釣り合いなどを総合したもの。剣道具の小手の内側の革。

## 【と】

**遠間（とおま）**

一般的には「遠い間合」という。一足一刀の間合よりも遠い間合。相手が打ち込んでも届かないかわりに、その場から打てば自分の攻撃も届かない距離。

## 【ぬ】

**抜き技（ぬきわざ）**

相手が打ち込んでくる技に対して、身体をかわし、相手に空間を打たせて技や体の尽きたところを打つ技。

## 【は】

**刃筋（はすじ）**

刃先と棟を結んだ線の方向。竹刀や刀を振る方向と刃先の向きが一致することを「刃筋が通る」という。

**払う（はらう）**

相手の竹刀に対し、自分の竹刀を右から左、あるいは左から右などの方向へ瞬間的に力を加え、相手の剣先を中心から外すこと。

## 【ひ】

**引き立て稽古（ひきたてげいこ）**

指導的立場で稽古をするとき、相手に分からないように上手に打たせて下位の者に成功の喜びを味わわせたり、打つ機会を教えたりする稽古法。

**拍子（ひょうし）**

竹刀や体さばきなどの動きの流れやリズム。また、相手と呼吸を合わせたり外したりするなど、相手と自分の気持ちのかけあいを言う場合もある。

**平打ち（ひらうち）**

竹刀の側面で打つこと。竹刀の側面での打ちは刃筋が通っていないので有効打突にはならない。

**開き足（ひらきあし）**

身体を開いて打突したり、応じたりする場合に用いる足さばき。

## 【ふ】

**踏み込み足・踏み込む（ふみこみあし・ふみこむ）**

打突するとき、身体を安定して移動させるために、左（右）足で強く踏み切り、右（左）足で強く床面を踏みつけること。足の裏全体で床面を強く踏みつける前足を「踏み込み足」という。その後、後ろ足を素早く前足に引きつけ、「送り足」で身体を前方に移動させるまでの一連の動作を「踏み込み動作」という。

## 【ま】

**間合（まあい）**

相手との空間的距離。相手とのへだたり。間合のとり方は相手との関係により微妙であり、かつ大事なものである。

**捲く（まく）**

相手の竹刀の鍔元近くに、こちらの竹刀を密着させて小さく円を描くように力を作用させ、相手の竹刀の動きを封じること。相手の竹刀を捲いて上方向にはね上げるのを「捲き上げる」と言い、捲いて下方向に落とすのを「捲き落とす」という。

## 【み】

**身構え（みがまえ）**

身体全体に意識をくばり、相手に対し即座に対応できる体勢。

## 【め】

**目付け（めつけ）**

目の付けどころ。相手の目を見ながらも身体全体に意を配ること。

## 【も】

**元立ち（もとだち）**

基本稽古、掛かり稽古、地稽古などを行なう者に対して指導的立場で稽古をする人。

**物打（ものうち）**

刀身の中で、もっともよく切れる部位のことで、切っ先より10センチメートルほどのところと言われている。竹刀の場合には、もっとも力が有効に作用する刃部のことで、中結あたりから剣先にかけてのところ。

**物見（ものみ）**

面金の横金の上から六本目と七本目の間。他の面金との間隔よりやや広くなっている部分で、この間より相手が見えるように面を着けることが大切である。

## 【ゆ】

**有効打突（ゆうこうだとつ）**

一本となる打突。剣道試合・審判規則上では、充実した気勢、適正な姿勢をもって、竹刀の打突部位を刃筋正しく打突し、残心あるものを言う。

## 【り】

**理合（りあい）**

自分と相手との間にとり行なわれる技や動きが合目的・合理的であり、技術が法則性にかなっていること。剣道では、この理合いにかなった技の追求が重要視されている。

## 【れ】

**礼（れい）**

社会秩序を保つための生活規範。相手に敬意をはらった立ち居振る舞い。「礼に始まり礼に終わる」とは剣道において、相手に対し敬意をあらわす礼とその作法の重要性を説いた言葉。

# 段位と称号について

剣道には初段から八段までの「段位」と、錬士・教士・範士の「称号」があります。
称号・段級位を通じて、範士が最高位とされています。

| 段位 | 受審資格 | 付与基準 |
|---|---|---|
| 初段 | 一級受有者で、中学校2年生以上の者 | 初段は、剣道の基本を修習し、技倆良なる者 |
| 二段 | 初段受有後、1年以上修業した者 | 二段は、剣道の基本を修習し、技倆良好なる者 |
| 三段 | 二段受有後、2年以上修業した者 | 三段は、剣道の基本を修習し、技倆良優なる者 |
| 四段 | 三段受有後、3年以上修業した者 | 四段は、剣道の基本と応用を修熟し、技倆優良なる者 |
| 五段 | 四段受有後、4年以上修業した者 | 五段は、剣道の基本と応用に錬熟し、技倆秀なる者 |
| 六段 | 五段受有後、5年以上修業した者 | 六段は、剣道の精義に錬達し、技倆優秀なる者 |
| 七段 | 六段受有後、6年以上修業した者 | 七段は、剣道の精義に熟達し、技倆秀逸なる者 |
| 八段 | 七段受有後、10年以上修業し、年齢46歳以上の者 | 八段は、剣道の奥義に通暁、成熟し、技倆円熟なる者 |

| 称号 | 受審資格 | 付与基準 |
|---|---|---|
| 錬士（れんし） | 六段受有者で、六段受有後、別に定める年限を経過し、加盟団体の選考を経て、加盟団体会長より推薦された者 | 錬士は、剣理に錬達し、識見優良なる者 |
| 教士（きょうし） | 錬士七段受有者で、七段受有後、別に定める年限を経過し、加盟団体の選考を経て、加盟団体会長より推薦された者 | 教士は、剣理に熟達し、識見優秀なる者 |
| 範士（はんし） | 教士八段受有者で、八段受有後、8年以上経過し、加盟団体の選考を経て、加盟団体会長より推薦された者、ならびに全剣連会長が適格と認めた者 | 範士は、剣理に通暁、成熟し、識見卓越、かつ、人格徳操高潔なる者 |

# おわりに

## 求める稽古に邁進しよう

私が指導者をしている国際武道大学は、武道を専門的に学び、将来指導者として貢献できるような学生を育てることを目的としています。剣道部の学生は大会の結果だけを求めるのではなく、国際的な視野を持った指導者になるべく、正しい剣道を学ぶことを理念とし、剣道の基礎・基本を中心に稽古に取り組んでいます。

他の競技に通ずる部分もあるかもしれませんが、基本をしっかりと学ぶことによって、剣道の「技」全体が活きてきます。また、これから先の長い剣道人生の中で、思うようにいかなかったり、迷いが生じたときには、ぜひ基本に立ち返ってみることをお勧めします。基本がしっかりと身についていれば、困難にぶつかったときでも、新たな道筋を見いだすことができるはずです。

基本を身につけるためには、反復練習が欠かせません。地道な作業を繰り返し行なう稽古は、とてもつらいものです。ですが、つねに課題をもって「やらされる稽古」ではなく「求める稽古」を実践してほしいと思います。「自分はどんな剣道をしたいのか」という理想形を持ち、まっすぐ稽古に邁進することが、上達の秘訣だと考えています。

本書が、剣道が好きで、自分の剣道技術をより高めたいと考えるすべての人のお役に立つことができれば光栄です。

## 監修者紹介

### 井島章（いじま　あきら）

（国際武道大学教授　剣道部長）

1957年生まれ、秋田県出身、剣道教士八段。秋田県の本荘高校から日本体育大学に進み、卒業後、日本体育大学助手を経て国際武道大学に赴任する。選手としては全国教職員大会や全日本東西対抗大会などで活躍。国際武道大学の女子剣道部監督、男子剣道部監督を歴任し、現在は剣道部長を務めている。

## 撮影協力

### 中田　洸亮

（奈良大学附属高校
→国際武道大学４年）

### 水林優一郎

（千葉県立安房高校
→国際武道大学４年）

## 国際武道大学

〒299-5295
千葉県勝浦市新官841番地
TEL：（0470）73-4111（代）
FAX：（0470）73-4148

国際武道大学は武道を学問として学ぶ大学であり、剣道部の活動もその一環として行なわれている。現在、剣道部員は約250人。各人が「百錬自得」をモットーに、正しい剣道を学び、国際的な視野をもった指導者になることを目指して、充実した指導陣のもとで日々鍛錬を重ねている。

## STAFF

| | |
|---|---|
| 編集 | 井山編集堂 |
| 執筆 | 平木貫之 |
| 題字 | 新山眞扇（株式会社東北書道会） |
| 写真 | 窪田正仁 |
| 本文デザイン | 上筋英彌・木寅美香（アップライン株式会社） |
| カバーデザイン | 柿沼みさと |

### パーフェクトレッスンブック
# 剣道 基本と戦術

| | |
|---|---|
| 監修 | 井島 章（いじま あきら） |
| 発行者 | 岩野裕一 |
| 発行所 | 株式会社実業之日本社 |
| | 〒153-0044 東京都目黒区大橋1-5-1 クロスエアタワー8階 |
| | ［編集部］03(6809)0452　［販売部］03(6809)0495 |
| | 実業之日本社ホームページ　http://www.j-n.co.jp/ |
| 印刷 | 大日本印刷株式会社 |
| 製本所 | 株式会社ブックアート |

©Akira Ijima 2016 Printed in Japan （第一スポーツ）
ISBN978-4-408-45607-2

落丁・乱丁はお取り替えいたします。

実業之日本社のプライバシーポリシー（個人情報の取り扱い）については上記ホームページをご覧ください。
本書の一部あるいは全部を無断で複写・複製（コピー、スキャン、デジタル化等）・転載することは、法律で認められた場合を除き、禁じられています。また、購入者以外の第三者による本書のいかなる電子複製も一切認められておりません。